文綉
瀚錦

LEADER SHIP
Thinking

领导力
思维

张永春◎著

培养领袖气质，从优秀到卓越

天津出版传媒集团

天津人民出版社

图书在版编目（CIP）数据

领导力思维/ 张永春著. --天津：天津人民出版
社, 2018.5

ISBN 978-7-201-12952-5

Ⅰ.①领… Ⅱ.①张… Ⅲ.①领导学 Ⅳ.C933

中国版本图书馆 CIP 数据核字（2018）第 040406 号

领导力思维
LINGDAOLI SI WEI

出　　版	天津人民出版社	
出 版 人	黄　沛	
地　　址	天津市和平区西康路35号康岳大厦	
邮　　编	300051	
邮购电话	（022）23332469	
网　　址	http://www.tjrmcbs.com	
电子信箱	tjrmcbs@126.com	

责任编辑	刘子伯
装帧设计	孙希前

印　　刷	三河市航远印刷有限公司
经　　销	新华书店
开　　本	710×1000毫米　1/16
印　　张	15
字　　数	120千字
版次印次	2018年5月第1版　2018年5月第1次印刷
定　　价	38.00元

当今社会，任何企业的荣耀与衰落，都发端于领导力！在一个组织里，如果一个管理者没有明智的适合企业自身发展的领导力思维，并快速形成自己独特的领导风格与魅力，采取正确的方法激励、鼓舞员工，就无法带出一支高效率的团队，打造出超一流的企业。

我们知道，管理者是否具有正确的领导力思维，对于一个组织的发展至关重要。领导力既包括学习力、决策力、组织力，也包括教导力、执行力和感召力等。它是一系列行为的组合，这些行为能够激励人们令行则止。

领导技能的学习、领导力的提升，必然要经过自身的学习和锻炼，甚至要经受无数的磨炼。后天领导力的形成过程就是领导者自身能力稳定发展的过程，可以说领导者在发展过程中遇到的每一次挫折和阻挠都与其自身的领导力有着直接的关系。

大家都熟知比尔·盖茨，作为微软总裁、世界首富的比尔·盖茨是世界公认的成功领导者。然而比尔·盖茨却曾说过他有一位非常佩服的领导者，就是 2010 年成功顶替他成为当年世界首富的卡洛斯·斯利姆·埃卢。对于这个名字相信很多人都感觉陌生，作为多年的世界第二富豪，卡洛斯·斯利姆·埃卢竟一直都默默无闻。

盖茨将其视为一位非常成功的领导者，这并不是因为卡洛斯·斯利姆·埃卢的企业实力，而是他自身领导力的提升。盖茨曾说过，卡洛斯·斯利姆·埃卢是一个非常勤奋的人，而且是一个懂得自我反省的人。他曾经多次想要在实力上超越盖茨，但是都失败了。然而每一次失败之后他都可以用最短的时间找出自身的不足，并迅速弥补。"我知道他终会超越我，因为他懂得如何提高自己的领导力，如何运用自己的团队，并且永不停下向前的步伐，这一点让我感觉到敬佩。"

比尔·盖茨对卡洛斯·斯利姆·埃卢领导力的评论在斯坦福大学公开课中得到了充分的印证。在公开课中，所有成功的领导者几乎都提到了两个关键的词语，"勤奋"与"不知足"，可以说这两种性格正是所有领导者不断凝聚领导力、提升领导力的基础。

领导力存在于我们周围，各个层次，各个领域都可以看到领导力，它是企业发展的核心。一个头衔或职务能够创造一个领导，但不一定能够创造出一个领导力。因此，如何培养提升领导力对于一个领导者至关重要。

伟大的领导者不是天生的，而是后天炼成的！要坚信，通过实践不断积累经验、学习和反思，任何人都可能成为优秀的领导。本书共分为14章，分别从秀出领导的自我魅力、领导的自我管理、如何整合人才和整合资源、如何科学决策以及有效管理、如何协调沟通以及进行目标管理、如何对员工进行完美激励与培训等方面，全面系统地向读者介绍提高领导能力所需要的各种技巧和方法，从实处和细节上引导领导者对下属进行有效的指导，将领导力贯穿到实际的管理中。

目录 CONTENTS

第一章　秀出魅力：优秀领导者所具备的能力

　　领导能力是领导者的个体素质、思维方式、实践经验以及领导方法等，这些影响着具体的领导活动效果的个性心理特征和行为的总和，领导能力是领导者素质的核心。

◆ 赢得下属信任的能力

一个成功的领导者必然能赢得下属信任。信任是一种无形资产，也是领导者走向成功之路的通行证。领导者必须赢得下属的信任，只有拥有支持者的领导，才能有效地提高绩效。

领导者应该树立自己的权威，赢得下属的信任。下属对领导的信任来自于领导者把工作作为自己的事业，工作就是工作，绝不牵涉其他因素。一个卓有成效的领导者，必然讲求原则、以结果为导向，且善于运用领导艺术来解决问题。更重要的是，他们所具有的品质能使下属心悦诚服。他们持事以公、就事论事，赞扬下属是出于真诚，批评下属也是出于真诚。他们严格要求自己，也严格要求下属，他们不留情面不是出于私利和成见。他们的所有行为都体现出一种负责的精神，这种精神使他们能为企业的绩效和未来负责，能为员工的成长负责。

很多领导者把获得下属的信任误解为给下属实惠，和所有人都打成一片。其实，这只是一厢情愿。作为领导者，必然要贯彻企业的各项决策，因此必然需要在很多问题上坚持原则，这就必然使某些人不满。真正的领导者都善于团结大多数，但绝不逾越自己的底线。他们的领导力不是通过他们建立良好的人际关系来表现，而是通过他们坚持原则、敢于纠正下属工作中的失误来体现。一句话，领导者要通过以理服人来赢得下属的信任。

松下电器的创始人松下幸之助批评下属很出名，但他有一个特点，就是边批评边讲道理，让下属虽然挨了批评却心服口服。以理服人是松下赢得下属尊重和信任的重要原因。

有近重信 1936 年毕业于高工电子科，进入松下电器后被分到电池厂。按规定，生产技术人员必须先到第一线实习，整天跟黑铅锰粉打交道，浑身黑乎乎的。

有近重信进厂不久，松下来电池厂巡视。有近见门外进来一个穿礼服的绅士，立即跑过去把他拦住，问道："请问你有公司参观证吗？"

松下心想我是老板，还用什么参观证，于是说："没有。"有近把双臂一伸，毫不客气道："那就对不起，不能进去。"

"我是……"

"你是天王老子都不许进！"有近打断松下的话，说，"我们老板松下先生有规定，没有公司的参观证，任何人都不得进来！"

这时门卫慌忙赶过来，让松下进去。松下见了厂长井植薰说："你们员工中有个很固执的家伙，大概是新来的吧，死活不让我进来，真是个很有特点的人。"

这件事给松下的印象很深，他认为有近是个可造之才，原则性很强。所以井植薰每次去汇报工作，松下都要问问有近的情况。

过了一段时间，电池厂盖成品仓库，由于松下的坚持，仓库决定采用木结构。井植薰把设计任务交给有近，有近说："我是学电子的。"井植薰说："我是做操作工的，现在不是也在做厂长吗？"

有近学过普通力学，经过计算，他认为需增加 4 根柱子才能达到安全系数，其他的就没有多作考虑。仓库落成那天，松下见中间竖有 4 根柱子，大为不满，先把井植薰批评了一通，然后又把有近叫了进去。

刚开始有近的心里不服，可到后来，有近终于明白了。

松下的意思是，他不知道要立柱子才坚持用木结构的，而有近明知要立柱子却不敢坚持钢筋结构。井植薰自己不懂，才找有近来帮忙。而有近明知不好，却偏偏要这么设计，这才是让松下恼火的原因。

有近后来回忆道："我就这样被训斥了整整9个小时，从下午3点到深夜12点，连晚饭都没吃。我心里想：这老家伙，去你的！可后来听懂了总裁的意思，才明白确实是自己的错。"有近后来成为公司技术部的负责人。他的成长，与松下的"锻打"有相当的关系。

不仅对普通的下属，就是对公司的管理人员，松下也会让他们明白道理，从而让大家心服口服。

领导者要在下属中树立权威，赢得人心，就要做到以理服人。俗话说"有理走遍天下，无理寸步难行"，领导者在工作中一定要注意以理服人，尤其是在批评下属的时候一定要先摆事实、讲道理，让下属真正知道自己错在什么地方。这样，你才能赢得下属的敬重和追随。

◆ 提高领导威信的能力

对于企业管理者来说，"威信"是开展工作必备的一种内在力量，威信高的管理者必定具有坚实的群众基础，开展工作便会如鱼得水，有呼即有应，令即行禁即止。反之，威信不高的管理者，时不时遇到来自下属和员工的阻力与压力，常常会陷入尴尬境地。从一定程度上讲，管理者的工作就是一个发挥自身威信所产生的力量的工作，管理者的艺术就是不断提高自身威信的艺术，而一个不善于树立个人威信的管理者是很难受到员工认可，很难创造出优良业绩的。更深入地讲，威信应是管理者的生命。

成功的管理者都十分珍惜在员工中的威信，他们注重保持与群众的密切联系，注重树立良好的自身形象，练就高尚的人格力量，形成独特的管理者风格。他们有的乐于律人，严于律己；有的亲和豁达，公私分明；有的雷厉风行，作风过硬；有的勤恳扎实，不务虚华；有的锐意进取，敢为人先。凡此种种，管理者树立自身威信的方式方法、风格特点各有不同。但从一般情况看，"说一不二"则是必备不可少的一点。

然而，实际中总有少数管理者盲目追求"说一不二"的"家长式"做派，刻意树立个人威信，甚至肆意施展权力，显现威风，结果适得其反，在员工面前丧失根基，更无威信而言。有的管理者不能以正确态度对待既定的错误决策，明明人人都认为不可行、自己内心也觉得不可行的决策，由于碍于个人面子，没有勇气收回说出的话，没有胆量正视决策的失误，而将本已明确为不可行的决策固执地执行下去，结果就造成了不同程度的损失。这样在下属及员工面前树立的不是威信，而是骄气、霸气，是为员工所不屑的。

常言道"威不立，令不行"，对于管理者来说，树立威信是十分重要的，但是树立威信要讲究原则。树立威信的目的是为了更好地开展工作，争权力、滥用权威，权威就会贬值；不考虑工作上的得与失，为了树立个人威信，在工作中不敢得罪人，甚至丧失原则，这样的做法，即使能一时赢得好人缘，树立起威信，也不能长久保持；能得到个别人的奉承，却很难得到下属与员工的普遍拥护。

最近一些日子，某公司所在的工业区实行高错峰用电，每周由2天全白天停电扩至4天，其中2天为周一和周五的上班时间。而该公司发电机主要以满足生产用电为主，而办公用电则限制了空调的开启，意味着职员需要在酷暑里坚持办公（职员办公没有配备风扇使用，员工生产现场均有）。为此公司行政部准备拟一份通知，想说明这个情况，在写通知之前，行政经理征求了大家的意见，想听听大家的看法。

管理者意见：这属于政府强制执行的限电行为，发电又不能开空调，可以允许大家各自携带一个小风扇来上班，相信大家能理解。

副总意见：限电属于短期举措，短时间后又会恢复正常供电，况且只有两天的时间，相信大家坚持一下是没有问题的。

经理意见：我建议每个办公室配备至少一把落地风扇，这是满足日常办公的基本条件，一个公司在你的举措发生前，你应该考虑到在这么热的天气里，在没有空调的情况下怎么保持职员正常办公，维护一个正常的办公秩序。但是这是一个增加成本的办法，我们需要去衡量。

最后，大家权衡了三人的看法，觉得管理者的方法虽好，但公司不够人道，经理的方法时比较妥当，要买风扇最起码好几十台，而且错开用电时间又不是很长，明显在成本上增加，而且上级不是很满意，同事也不好和上级去说明，于是乎，就采取了副总的看法，相信员工能挺得过。通知发出后，公司职员怨声载道，更有甚者，逢周一和周五职员请年假或者病假、事假人员大增，在上班的人也是心不在焉。

我们通过以上案例可以看出关于这个小事件处理的成本哪个更大，更重要的是你失去了做人事或行政管理者的威信，或者说你没有处理这种事件的能力，更不具备平衡能力。如果你再去补救去买风扇，办公环境是改善了，但是你的威信能捡得回来吗？

管理者应该认识到，威信既不是争来的，也不是换来的，树立威信要凭能力素质、凭敬业奉献，凭良好的人品官德修养，办好分内的事、做下属信任的人。管理者既要关心自己在员工心目中的威信树立得怎样，更要看一看自己在岗位上有没有作为，反思一下自己的人品官德修养，真正把心思放在工作上，放在提高自身素质和修养上，不断在工作中锻炼自己的能力素质，培养良好的人品官德，以自身实际行动和良好形象，影响和带动下属完成好公司的各项工作任务。

每个管理者都要有威信。树立威信靠服众。不服众者，何以当管理者？管理学家说：服众途径有三种——"力服、才服、德服"。"力服"即管理者以权力强迫下属服从自己意志；"才服"是管理者靠才智引导下属服从自己的意志；"德服"则是管理者以高尚的人格去感化下属，使之心甘情愿服从自己。

从古至今，擅长"德服"的管理者很多。论才干、论能力、论智能，刘备不及诸葛亮，但刘备靠宽厚、谦虚、求才若渴的高尚人格，终使才华横溢的孔明"鞠躬尽瘁，死而后已"地辅助自己，创下"三分天下有其一"的霸业。

对于一个出色的管理者，并不是说专业一定要出类拔萃，也不一定在某个领域要卓有建树。但必须具备将众多的甚至强于自己的人才团结在自己周围的"德服"的管理者艺术。

◆ 远见卓识的决策力

一个不断取得成功的领导者，其天才之处在于能感知环境的变化，具有远见卓识的决策力。

法国未来学家 H·儒佛尔提出的儒佛尔定律，主要阐释了预测的重要性，认为在决策之前，必须要做出有效的预测，这是成功决策的前提条件。

　　在莫斯科度过了将近十年时间的哈默，于1931年从苏联回到了美国。那个时候的美国，社会动荡、经济萧条，富兰克林·罗斯福即将上任美国总统，提出了用"新政"来解决美国经济危机的办法，由于当时罗斯福并未完全得势，很多企业家都举棋不定，对"新政"持怀疑态度。就在这时，回到美国的哈默对当时局势进行了一番详细周密的分析，他认为罗斯福会掌握政权。如果罗斯福掌握了政权，那么势必会推进"新政"的实施，这个预测使得哈默发现了商机。因为"新政"一旦实施，那么在1920年颁布生效的禁酒法案就会被废除。而禁酒令被推翻的话，酒的市场就会升温，人们对酒的需求量就会大幅度增加，而酒厂也必然会大规模地生产酒。这样的话，酒厂就会需要很多装酒的酒桶。之前经过了多年禁酒令的约束，酒桶一定会不够用，酒厂对酒桶的需求也会大幅度增加。酒桶的制作材料主要是白橡木，需要经过特殊处理。哈默曾经在苏联生活过，他知道苏联有价格非常便宜的白橡木可以出口。于是哈默马上与生产白橡木的苏联厂商进行了联系、磋商，订购了几船的白橡木板，接着又在纽约的码头附近建立了一座临时的酒桶加工厂，将订购的白橡木运到纽约码头直接进行加工。这样过了一段时间，他又在新泽西州建了一个设备先进的酒桶加工厂，取名"哈默酒桶厂"，开始正式生产酒桶。就在哈默建厂没多久后，禁酒令果然被废除了。也正如哈默所料，酒的市场需求量激增，酒厂大量生产酒，急需酒桶，哈默的酒桶很快便被抢购一空。

　　哈默用他自己强有力的洞察力和犀利的眼光，做出了许多有远见的决策，这不光为他创造了大量的财富，也为他奠定了事业上他人难以超越的地位。

许多巨头企业面对外界环境的变化，之所以能够及时地调整企业的发展策略、抓住有利机会而避开可能会出现的危机、长久地在竞争激烈的环境之中处于不败之地，靠的就是其管理上的英明决策和管理者的远见。如果一个管理者没有远见卓识，不能对企业将要面临的发展形势做出正确估计，而只忙于眼前局面的应对处理，外界环境一旦发生变化，企业就将处于被动地位，而使发展受到制约。

企业的领导者在工作中要担起重要决策的职能，而成功的决策往往与时机紧密联系在一起。领导者要善于在实践中发现机遇、寻找机遇、把握机遇，同时，也要善于发挥聪明才智当机立断，果断拍板，确保决策的及时、有效和准确。只有大胆抓住时机，及时予以决断，才能使决策赢得优势，取得成功。掌握不好时机，当断不断，徘徊观望，犹豫不决，或不当断时匆忙去断，都会造成决策失误。可以说，掌握良好时机，有助于领导者运筹帷幄、决胜千里。

谋而不断是决策之大忌。即使是最好的方案，如果久拖不决，时过境迁，就会失去可行性和可靠性。因此，领导者必须具备当机立断的魄力。一个领导者如果具有干脆利落的作风，还可以激励下属充满信心和热情去实施决策。

既然成功决策的时机选择如此重要，那么，作为领导者该如何捕捉决策时机呢？

以下几点是需要注意的：

首先，要看大气候环境。这里指的是国际、国内、本地的政治、经济、科技、文化等形势动态。重大事件影响，新的政策出台，法规制度公布是这种气候的具体表现，这个大气候是我们决策的客观依据。

充分利用大气候这个良好的环境条件，积极发展自己，就能获得成功。

其次，要看自身条件优势。大气候有利，还要从自身的实际出发，抓住本地的优势。这个优势主要是指地理环境、物质特产、土地资源，以及人们的精神状态、社会秩序、人才技术、水电交通、资金等。领导者要抓住自己优势特点，果断决策。否则，也会坐失良机。优势也是在不断变化的。现在的优势不抓住，将来就会变成劣势。

再次，看对方弱点。人类社会是在竞争中发展的。在战争中，避其锋芒，抓住弱点，可克敌制胜。在经济竞争中，要取得胜利，不仅要充分发挥自己的优势，还要抓住对方的薄弱环节，突然袭击，取得主动权，夺得胜利。美国克莱斯勒公司是美国三大汽车公司之一，在1979年世界石油危机时处于绝境，但新任董事长亚科卡抓住市场缺油弱点，大胆进行产品换型决策，生产节油的K型车，大受消费者欢迎。亏损三年后便转为盈利，仅1982年就获利1.7亿美元，1983年就还清315亿美元货款。

第四，要看苗头趋势。事物发展往往由萌芽到弱小，由弱小到强大。我们应在新生事物刚刚出现苗头的时候，当机立断、下力气抓。号称股票之王的沃伦·巴菲特靠证券交易而逐渐发展积累了44亿美元财产，成了美国第八大富翁。他的经验归纳为：寻求被市场低估了价值的股票，毫不犹豫地买下它，再等待股价上升。被"低估了的股票"是一种假象，势必要上升，在处于萌芽苗头，巴菲特慧眼识货，抓住了它，发了大财。高明的领导者，在别人狂热时，他却寻找冷门，当别人醒悟时，他已把事情干成了。

最后，则是看风险程度。捕捉决策时机时，要充分估计到风险程度。要把效益值同损失值综合起来考虑，既不要单纯看效益值盲目蛮干，也不要单纯看损失值而畏缩不前，两者要最佳地结合在一起。在决策时要留有余地，保留一定的弹性，把风险降到最低。

◆ 理顺关系的协调力

在现代社会，协调能力十分重要，是领导者的一种重要职能。一个组织中各种利益关系不可能自动和谐顺畅，总会有这样或者那样的矛盾与缺陷，如果漠然置之，不去协调，就不可能有应有的效率和秩序。实践也证明，一个组织内各种关系能否顺畅，与领导者的协调能力有着密不可分的关系。协调力是领导者能够兼顾各方面的事务及关系的能力，是领导者的必备素质。

在一个组织内，领导者主要协调两方面的关系，一方面是领导工作关系协调；另一方面是领导人际关系协调。

领导工作关系协调是指领导者在领导组织成员完成组织目标的过程中，与组织内外相关的人与事在时间与空间上产生的工作关系的协调。

领导工作关系协调主要包括部门任务协调、工作时间协调、政策措施协调以及工作要素的协调等。在向预订目标迈进的过程中，由于各种原因，致使组织内各部门任务完成的质量和进度情况存在差异，往往会造成一些新的变化。这个时候，就需要领导者从大局出发，从整体任务出发，对不同部门所承担的任务进行协调。

部门任务协调包括计划协调、组织协调、控制协调等，在有利于实现企业目标的前提下，协调开展工作。通常，绝大多数任务是有一定完成时间限制的。这样如何在限定的时间内完成任务，就会涉及工作时间的协调问题。其目的就是使时间得到合理的安排和利用，保证时间被充分利用和效率的稳定提高，最终在限定的时间内完成任务。由于在实际完成任务的过程中，会遇到一些原先制订计划所没有预料到的变化，因此往往会使各部门完成任务的状况与预期计划产生差异。

为了保证任务的完成，领导者需要根据实际情况进行必要的政策和措施的调整。工作要素的协调主要是对组织内人、财、物的调配，使人尽其力，物尽其用，达到高效利用的目的。

人际关系协调主要是对组织内上下级关系的协调、同级组织之间关系的协调以及领导与领导之间、领导与下属之间关系的协调。无论是哪种协调，其目的都是融洽关系，创造一种整体团结、密切配合协作的工作气氛。

具体来说，领导者的协调能力可分解为人际亲和力、信息捕捉力、沟通说服力、团结凝聚力以及冲突化解力。人际亲和力是指领导者通过建立良好的人际关系，使他人愿意与自己相处并且自愿跟随的一种能力，属于一种人格魅力，对外通常表现为和善、谦和、幽默、随和、爽快等。

人际亲和力常有一种无形的魅力，吸引他人心甘情愿地与其相处，听其号令。

信息捕捉力是指领导者在众多的信息中采取到有价值信息的一种能力。它是领导者进行高效协调的基础和前提，因此，协调工作开始之前，领导者就要在大量的可供选择的信息中采集到有用的信息，为后续的协调工作做好准备，打好基础。

沟通说服力是指领导者在人际协调过程中，通过各种沟通形式，与被沟通者进行交流，说服对方信服的一种能力。它要求领导者采取一种有效的说服方式，让对方心甘情愿接受劝说，彼此间达成共识或相同的见解。

团结凝聚力是指领导者具备的可吸引他人围绕在自己周围，形成团体的一种能力。它要求领导者大力培养并提高自身文明素质，增强自身人格魅力，最终成功吸引他人。

冲突化解力是指领导者在实际工作中，协调和化解人际关系矛盾的一种能力。它要求领导者具备高瞻远瞩的大局观，能够从整体利益出发，采取合适有效的措施，有效协调和化解人际关系矛盾和问题，妥善解决问题。上述几种能力不是孤立的，而是相互联系、相互作用的，它们共同构成领导协调的合力。

这几种力相互配合，共同作用，最终达到领导者协调工作和人际关系的目的。

◆ 保持良好心态的能力

中层领导在企业的运营过程中，扮演着重要的角色，也承受着巨大的压力。这就要求中层领导必须拥有良好的心态，经受住各种心理考验，从而在纷繁复杂的情况下始终保持着让人钦佩的个人魅力。

那么，中层领导应该拥有哪些良好的心态呢？

（1）始终对自己充满信心。

爱迪生说过："自信是成功的第一秘诀。"米歇尔·雷诺兹也曾说："依靠自己，相信自己，这是独立个性的重要成分。是它帮助那些参加奥林匹克运动会的勇士夺得了桂冠。所有的伟大人物，即那些在世界历史上留下名声的伟人，都因为这个共同的特征而属于一个家庭。"

　　拥有自信的人，往往都相信自己的能力，也总是能排除各种障碍，克服种种困难，大胆、沉着地处理各种棘手的问题，从而取得事业的成功。

　　中层领导要想在夹缝中生存，把纷繁复杂的事务处理得井井有条，必须要始终对自己充满信心，相信自己一定能做好。不仅如此，还要把这种自信传递给你的上司和下属，让他们也对你充满信心。只有这样，你才能让上司信任你，让下属信赖你，从而焕发出你的个人魅力，更好地开展工作。

　　（2）保持积极乐观的心态。

　　积极乐观的心态是成功的催化剂。它能使一个懦夫成为英雄，从柔弱变为坚强；它使人性变得温暖、富有弹性，使人充满进取精神，充满冲劲和抱负。

　　中层领导要想始终保持积极乐观的心态，使自己充满活力，就要把目光始终盯在积极的那一面，凡事都要想到有利的一面。

　　一个装了半杯酒的酒杯，你是盯着那香醇的下半杯，还是盯着那空空的上半杯？从篱笆望出去，你是看到了黄色的泥土还是满天的星星？以不同的心态去看待身边的事物，就会收到不同的效果。有这样一则小故事，说的是有家做鞋子的公司，派了两位推销员到非洲去做市场调查，看看当地的居民有没有这方面的需求。不久，这两个推销员都将报告呈给总公司。其中一个说："不行啊，这里根本就没有市场，因为这里的人根本不穿鞋子。"而另一位则说："太棒啦，这里的市场大得很，因为居民还没有鞋子穿，只要我们能够刺激他们想要的需求，那么发展的潜力真是无可限量啊！"

　　正所谓"横看成岭侧成峰，远近高低各不同"，同样一件事情，以不同的角度来看，结果往往不同。

一名中层领导，在工作中难免会遇到各种不同的困难，只要你以积极乐观的心态来对待它，从另一个角度思考，就会有解决之道，说不定坏事也变成了好事呢！而且，中层领导的积极乐观的心态也很容易感染自己的下属，让他们感到什么问题在你面前都不再成为问题，从而对你、对企业、对自己的发展前途充满信心。

两千多年前，马其顿国王亚历山大率领军队出征，途中断水。全军将士干渴难忍。于是，国王命卫兵去四处找水。

但卫兵找回来的却只有一杯水，便把它献给了国王。这时，国王下令，立即把部队集合起来，端起这仅有的一杯水。充满信心地对全军战士发表了演说："水源，已经找到，我们只要前进，就一定能够找到水。"

话音刚落，大家只见国王把手中的那杯水泼在地上。将士们顿时精神振奋，怀着巨大的希望，不顾难忍的干渴，跟着国王继续前进！

这样的上司，这样的精神，这样的品格，能使属下感到震撼，愿意紧随你左右，为你效力。

（3）要拥有不服输的心态。

也许你并不比别人聪明，也许你有某种缺陷，但只要你拥有不服输的心态，面对困难决不退缩，多一份坚持，多一份忍耐，你却不一定不如别人成功，有这样一则寓言：两只青蛙觅食中，不小心掉进了路边一只牛奶罐里，牛奶罐里还有为数不多的牛奶，但是足以让青蛙们体验到什么叫灭顶之灾。

一只青蛙想：完了，完了，全完了，这么高的一只牛奶罐，我是永远也出不去了。于是，它很快就沉了下去。

另一只青蛙在看见同伴沉没于牛奶中时，并没有任自己沮丧、放弃，而是不断地告诫自己："上帝给了我坚强的意志和发达的肌肉，我一定要跳出去。"它每时每刻都在鼓起勇气，鼓足力量，一次又一次奋起、跳跃——生命的力量与美展现在它每一次搏击与奋斗里。不知过了多久，它突然发现脚下黏稠的牛奶变得坚实起来。原来，它的反复践踏和跳动，已经把液状的牛奶变成了一块奶酪！不懈地奋斗和挣扎终于换来了自由的那一刻。它从牛奶罐里轻盈地跳了出来，重新回到绿色的池塘里，而那一只沉没的青蛙就那样留在了那块奶酪里，它做梦都没有想到会有机会逃离险境。

在困难面前，你想学哪只青蛙呢？如果想学留在奶酪里的那只青蛙，虽然不致造成生命的完结，但是个人形象损失事小，恐怕以后也难有什么发展前途了。而如果像跳出牛奶罐的那只青蛙的话，自己的前途也会像青蛙眼中的绿色池塘一样，一片光明。退一步说，即使失败了，只要你尽力了，也丝毫不会有损于你在上司和下属心目中的形象，相反，他们还会为你的执着，你的坚韧而更加佩服你。

◆ 建设团队的组织力

简单说，组织力就是领导者开展组织工作的能力，是领导者协调安排人员，进行权力分配、岗位分工等的一种能力。

组织力是团队建设的核心因素，没有一个好的组织力就组建不起一个好的团队，就无法使团队利益最大化。有很多企业发展到一定规模后，其发展速度很明显放缓，有的还停滞不前，甚至发生了倒退。抛除行业和那些外部环境的影响外，最重要的因素是组织能力不足。

所以，作为领导者，一定要重视对组织能力的培养和提升。

领导者的核心工作之一是团队建设，这是领导力的命脉所在，没有团队，何谈领导力？任何一个团队，都是由五大要素构成的，这五大要素分别是：目标、人、定位、权限、计划，这五大要素被称为"5P"。其中，人是团队的核心力量，团队的任务最终需要落实到团队成员身上。

人需要组织起来，协同作用，才能更容易实现诸多"丰功伟绩"。从这个角度上看，一个成功的团队建设需要一个好的组织力。

华特·迪士尼是迪士尼乐园的创始人之一。有一次，他和一位十分喜爱迪士尼世界的小男孩进行了一番有趣的谈话。由于已经知道对方是创建人，小男孩显得十分兴奋，接连不断地向华特·迪士尼提出各种问题。"是您创作了米老鼠、唐老鸭吗？"小男孩兴奋地问。"NO，是我们设计师的杰作。"华特·迪士尼笑着回答道。"那是您想出的那些好玩的点子吗？"小男孩紧追不舍。"也不是，是我们的编辑灵感突发的结晶。"华特·迪士尼回答。"那您负责画图？"小男孩又问。"不是，我们有专门的画师负责此事。""那您负责什么？难道什么都不干吗？"小男孩觉得十分奇怪。"我的工作是把这些有才能的人召集到一起，组建一个团队，然后发挥他们所长，共同做事，仅此而已。"华特·迪士尼自豪地说道。

设计师、编辑、画师，几个彼此相对独立的工种，在华特·迪士尼找到他们之前，他们各自独立工作。但是在华特·迪士尼把他们召集到一起工作，让他们在团队中各自发挥所长后，就做出了重大成就。这就是建设团队的意义。

　　把能解决问题的人才组织起来，使其成为一个团队，而不是想着自己去亲自解决所有的事情，是领导者组织力的重要体现。组建一个搭配合理且有战斗力的团队不容易，也不是一蹴而就的，通常需要经历4个阶段：组建期、磨合期、激化期、成就期。

　　组建期，需要领导者想方设法搜寻需要的各种人才。初期，由于成员之间的性格、需求、观点各不相同，彼此之间也缺乏一定的了解和信任，因此彼此之间的合作很浅显，不够深入。这个时候，领导者要尽快掌握团队的整体状况，了解清楚团队成员的特征，努力帮助团队成员尽快准确定位角色、进入状态。

　　在此过程中，领导者既不要放任自流，任凭团队成员自己没头没脑地探索，也不要管理过严、过细，以防团队成员畏首畏尾，放不开手脚探索。组建期过后进入磨合期。经过组建期的初步接触和合作后，团队成员彼此之间有了进一步的了解，会慢慢打开心扉，彼此交流想法，进一步加强合作。可是，这个时期的合作与交流往往只限于在小范围内进行，许多具体问题和决策还需要依赖领导。这个时候，精明的领导者往往在回应下属请示的同时，给予其正确的思想导引，让他们通过团队内部的商量研讨做出决定，而不是事事都依赖领导。

　　在思想引导的过程中，领导者要站在组织的高度，避免"小团体主义"的滋生。磨合期过后进入激化期。磨合期使团队成员进一步熟悉起来，合作交流更加能放得开，团队成员也开始敢于表达自己不同的意见和建议，团队的开放范围开始形成。但也正由于此，团队成员之间会产生矛盾和对立，有时候这种矛盾和对立可能是很激烈的。这个时候，精明的领导者通常会主动站出来鼓励有利于团队建设的冲突，然后引导双方通过研讨得出科学结果，而不是用权力去压制、化解。

在此过程中，领导者要以身作则，树立一个榜样，目的是让团队成员做任何事情都要有据可循，而不要无章法地乱说。在顺利度过以上3个时期后，就进入了成就期。这个时期团队会形成一种较强战斗力，团队成员之间有强烈的一体感，具有相同的企业文化，拥有共同的信念，彼此之间能进行坦诚无私的交流合作，促使工作向前发展。

这个时候，领导者要站在引领者的角度，从全局的高度出发，给团队成员以思想和方向的指引，给予团队适当的刺激，努力促进团队保持成长的激情与动力，使团队和组织共同进步。

第二章 自我管理：担当精神领袖，下属心悦诚服

管理者必须善于自我管理。自我管理是个人对自我生命运动和实践的一种自发或主动调节。自我管理的关键是充分调动自身的各种调节功能，通过发现优势准确定位自己，并且遵从自身的价值观，激发自身的潜能。

◆ 给自己进行职业定位

当我们发现了自己的优势、了解了自己的做事方式后，我们还必须明确自己的价值观，因为价值观是一切行为的最终检验标准。

1. 了解你的价值观

哲学家们认为，人类自我发展的过程，既是个人的独立化过程，也是个人的社会化过程。人具有追求意义和价值的自我意识，无论是认识自己，还是认识世界，都需要不断地自我体验、自我分析、自我塑造、自我评价和自我超越。人认识自我和认识世界都需要依据一定的标准，这种评价尺度就是价值观。

价值观是个人对客观事物的重要性及意义的总评价和总看法。作为一种内心尺度，价值观决定人们的行为取向和价值取向。价值观与家庭环境、学校教育及个人阅历密切相关，一旦形成，就具有稳定性和持续性的特点，一般不容易改变。

价值观不仅影响个人的行为，而且影响群体行为和组织行为。企业之所以要建立自身目标和文化，就是为了使个人价值观与企业价值观相契合。由于个人价值观不同，在同等条件下，对于同一事物，人们会产生不同的价值选择和行为方式。比如在企业中，有人注重工作成就，有人看重金钱报酬，有人重视权力地位，有人热衷技术发明，有人迷恋人际沟通……显然，为了自我管理，个人必须了解自己的价值观。德鲁克认为，作为个人，必须规范自己的价值观，重视道德标准。道德标准是社会对个人的要求，是大家共同遵守的规则。他认为，检验道德标准的方法就是对镜自测法。我们要自己追问自己："我想成为一个什么样的人？"这类似于中国传统文化中"每日三省"的文化态度，同时也是用扪心自问的方式来叩问自己的道德和良心。当然，道德标准仅仅是价值观中的一部分。

了解自己价值观的意义在于你知道自己以什么样的方式评价人和事，因为这会影响到你的工作热情。

有一位才华横溢的主管经理，他在一个电脑公司工作。在他原来的公司被一家更大的公司收购后，他发现自己的工作热情迅速降低。实际上，他的职位很高，而且是他擅长的人力资源工作。他坚信，在聘用担任重要职位的人选时，企业应先从内部竞选人才，然后再从外部选择适当的人选。然而，公司却认为，在某个重要职位出现空缺时，应首先考虑外部人才，以便"补充新鲜血液"。他和公司的矛盾使他的工作热情受到了很大损害，工作简直变成了一种煎熬。最后，他不得不递交了辞呈。

显然，这位主管经理和公司之间的矛盾并不是政策上的，而是价值观的矛盾。当你的价值观和企业的价值观发生冲突时，你该如何自处？比这个问题更严重的是，很多人并没意识到价值观的作用，并不了解自己的价值观，他们往往把一些属于价值观冲突的问题当成是工作方式的差别。所以，你要首先了解自己的价值观，在明确自我价值观后再做出选择。

2. 不值得做的就放弃

管理学大师德鲁克认为，企业必须有自己的价值观，而企业的成员也是如此。为了能够在企业中发挥绩效，企业成员的价值观必须与企业的价值观相契合，但不必相同。两者的价值观必须紧密相关、和谐共存。否则，企业的成员就会有挫折感，而且会缺乏成效。

通常情况是，一个人的优势与自己取得绩效的方式之间很少会发生冲突，两者一般为互补关系。但是，一个人的价值观与自己的优势会发生冲突。一个人即使工作很有成效，但是如果工作不能符合他的价值观，那他也很难从工作中获得成就感。

所以，当你的优势不能与你的价值观相吻合时，要毫不犹豫地放弃你的工作，维护你的价值观。在德鲁克看来，那些损害你的价值观的工作成果会变得一文不值。因为，尽管你通过自己的优势获得了相当优秀的工作绩效，但是这种工作使你失去了热情和信心，损害了你的价值观，进而剥离、分裂了你的优势，所以放弃才是你最明智的选择。

管理学中有个定律叫不值得定律。这一定律最直观的表达为：不值得做的事情，就不值得做好。

这个定律反映出人们的一种价值取向，一个人如果从事的是一份自认为不值得的工作，往往会敷衍了事。这一定律的启示就在于：对个人来说，应在多种可供选择的价值观中挑选一种，选择你所爱的，爱你所选择的，才可能激发我们的工作热情。而对一个企业来说，则要很好地分析员工的性格特征，合理分配工作。如让成就欲较强的职工独立牵头完成具有一定风险和难度的工作，并在其完成时给予及时的肯定和赞扬；让依附欲较强的职工更多地参加到某个团体中共同工作；让权力欲较强的职工担任与之能力相适应的主管一职等。同时要加强员工对企业价值观的认同感，让员工感觉到自己所做的工作是值得的。

3. 寻找你的职业归宿

当我们明确了3个问题（即：我们优势是什么？我如何做事才能

提高绩效？我的价值观是什么？）后，我们应该确立自己的位置，我们的职业归宿在哪里？我们属于哪里？我们又不属于哪里？也就是说，通过上述 3 个问题的追问和不断反思与行动，我们必须明确我们应该到哪里去，我们必须给自己定位。

对于绝大多数人而言，在开始自己的职业生活时，并不能马上确定自己的位置，但是我们可以通过不断的实践来明确自己的方向。我们必须做符合自己价值观、能发挥自身优势并能提高工作绩效的工作，如果不符合我们自身的条件，我们就应该勇敢地拒绝。但现实中，我们经常发现，很多人在从事自己并不感兴趣的工作，原因只是这份工作可以带来比较高的薪水。对一个严格执行自我管理的人而言，这是非常不明智的。因为，短期的眼前利益会抹杀其核心竞争力，影响其成为一个优秀的人、一个卓越的人。

◆ 敢作敢当，不文过饰非

现代管理研究表明，一个管理者应该具备这五种基本品质：一是向员工显示出他们对公司和员工的关心；二是他们能明确告诉员工，公司的目标是什么；三是他们能让员工明白，在公司内部人人平等，遵守制度和违反制度、努力和懈怠的后果是不一样的；四是善于抓住公司发展的时机；五是能和公司一起承担风险。

而其中最后的两项，都需要有敢作敢当的管理魄力。

1. 成功的管理者勇于尝试

一个成功的管理者，决不会是畏首畏尾的。他们会说："可以，这样做是可行的"，而不是说："这样不行，恐怕会引起不良后果"、"那样不行，太冒险了"等等诸如此类的话。这就好比一个汽车驾校的教官，老是对学员说："不要这样，不要那样。"对学员一点也不放心，因为怕出事而不敢放手，也不告诉他应该怎么做，学员早就对他失去信心，又怎么能学会驾驶、拿到驾照呢？管理者也是这样，只有敢于带头，敢于做事，才能带领一个团体进步。

人的思想有一定的惰性。人们已经习惯于从同一个角度出发去思考问题，总是喜欢用现成的、熟悉的答案来解答形形色色、层出不穷的问题，自己给自己造成一种思维定式，来禁锢自己的思想。但实际上，我们不可能"以不变应万变"。管理者面对不同的员工群体和工作心态，面对瞬息万变的外部环境，如果不能突破思维定式，大胆开拓，其后果就是管理方法陈旧落后，公司也得不到发展，管理者处境窘迫。

而且，现代社会的竞争十分激烈，在商界尤其如此。机遇虽多，但稍纵即逝。正所谓"机不可失，时不再来"，许多管理者只有等到机会溜走时才恍然大悟，后悔不已。其实，机会来临时他未必不知道，只是因为顾虑和犹豫，而没有当机立断地采取行动。与他们不同的是，成功的管理者无一不是敢作敢当、捕捉到机会便立即抓住的人。他们不会由于害怕承担风险而错过任何时机，他们具有勇气和极强的行动力。

美国的金融大亨摩根就是一个"敢作敢当"的管理者。有一次，他得知一位船长替人运送咖啡到了美国，可订货的商人却已经破产了。只要能付现金，船长情愿半价将咖啡出售给任何人。尽管从来不做转手买卖，但摩根认为这个风险值得冒。最终，他说服了自己商行内表示反对的员工，拿出大部分资金买进了船上所有的咖啡。这是很大的一笔买卖，所有人都忧心忡忡，害怕商行因此而破产倒闭，就连摩根自己也不例外。幸运的是，没多久，巴西出现了严寒天气，一下子使得咖啡大幅减产，咖啡的价格越涨越高，摩根商行的钱包也越来越鼓。事实证明，敢于冒风险是值得的。此后的百余年间，摩根家族的后代也都继承发扬了"敢想敢做"的作风，不断地积累财富，生意越做越大，终于打造成了后来的"摩根帝国"。

2. 敢作又能敢当，是管理者领导力的重要表现

对于一名管理者来说，"敢做"固然是非常重要的品质，但同时还应该"敢当"。在关键时刻挺身而出，在员工都束手无策时能勇敢面对，使问题迎刃而解，是管理者领导力的重要表现。开拓往往伴随着风险，"敢做"的结果不见得都是顺顺当当、风平浪静，如果光是做事大胆，却不能承担失败，也不能很好地处理善后，只能算"半截子"的管理者，达不到合格的要求。

秦国宰相范雎在位十年，在内政和外交上都为秦国做出了很大贡献，深受秦昭王的信任。他的权势不仅影响到国内事务，甚至还借着秦国的霸主地位，影响到其他的诸侯国。

本来，他是可以稳坐这个高位不动摇的，直到出现了令他害怕而不知所措的事情——因他的推荐而受重用的两个人接连犯了重罪，其罪当诛。按秦国的法律，推荐者也要承担同样的责任，范雎也要被砍头。他为此日夜忧虑，茶饭不思。

幸好，秦王念在他过去的功劳上，免了他的死罪，只作了警告和处罚便了事，也没有降他的职。但范雎觉得自己应该负起责任来，最后还是托病辞官，并推荐了宰相的其他人选给秦王。

当然，现代管理者不能动不动便辞职，这样未免显得不负责任。但是，在范雎那个时代，这却是最负责任的表现。为了负责，宰相都不做了，还不够"敢作敢当"吗？管理者应该学习的是他的态度，学

习他"敢当"的气魄。

只有敢作敢当的管理者，对外才能抓住机会、开创事业；对内才能收服人心、带动团队，最终取得事业上的成功。

◆ 容人之过，得长久忠心

人非圣贤，孰能无过？作为现代企业领导者，该如何对待下属的过错呢？正确批评，令其改过绝对必要，但另一条原则就是绝不可揪住下属的过错不放。领导者如果能宽容对待下属之过，促其发挥所长，就会得到下属的感激与信任。

对待下属的过失，领导者要根据事情本身的性质和现实利害关系，加以区别对待。无足轻重者，尽可不必计较，不可责之过切，要为下属留有补过机会。领导者在工作中不能处处较真儿，过于明细。在某些场合"装痴作聋"，来个"难得糊涂"，也许反而会有较为理想的结果出现。秦国伟在《容人之过，员工干劲更足》一文中举了这样一个例子：

范洪在一个规模不大的食品公司做销售主管已经四年了，在四年的销售工作中一直勤勤恳恳，好学上进，是其他业务人员学习的榜样。可是有一次，他出差异地从客户那里拿回公司的货款时，接到了家乡父亲的一个紧急电话，告诉他母亲不幸得了直肠癌，急需手术，家里已经倾尽全力，也凑不齐手术费，要他想办法弄钱救命。范洪此时脑子一片空白，他没有多想，一路狂奔跑到邮电局，从公司货款里拿出一万元寄回家里。在回公司的路上，范洪害怕了，作为销售主管的他，十分清楚公司严格的财务制度和铁一般的销售纪律。挪用公款是销售人员的大忌，轻则退赔开除，重则绳之以法。四年销售工作中从未出过一分钱差错的他，不敢再往下想了，似乎已看到了一双冰冷的手铐摆在了他的面前……

第二天，在销售部办公室的墙壁上贴出了两份新的公告。公告一为《某某总经理向范洪的致歉信》，大致内容是由于老总对下属的关心不够，导致范洪同志在很急的情况下挪用了公款，主要责任应由老总承担，向范洪和全体销售人员道歉，并希望大家能够吸取教训，不能再出现这种情况。公告二为《销售部门新增加三条措施的规定》：第一条，从即日起每月的销售工作汇报不仅是产品销量、客户管理、市场信息等情况的汇报与总结，特别增加重要的一项，就是销售人员自己本身的情况，包括父母亲生活状况、身体状况，结过婚的人还要包括他们夫妻之间和子女情况的汇报。第二条，从老总开始，每个人每个月按照工资的百分比，拿出一定数额的钱，建立一个"爱心"互爱互助基金会，以防范销售人员本身或家庭的突发事情。基金会的会长由销售人员自己选定，老总只是一名会员而已，基金的支出需要向大家完全公开。第三条，如果有人因各种原因离开公司，可以按比例取走相应部分的钱。

公告一公布，整个销售部的全体人员被老总深深感动了，其中有一位说道："我们公司虽然不大，产品也不是很畅销，但是我们有可信的公司做依靠，有'爱心'基金做保障，我们没了后顾之忧，大家更加团结一致全身心地投入市场一线去拼搏。"范洪留下了，销售人员的心更齐了。

俗话说，"将军额上能跑马，宰相肚里能撑船"，这是容人的最高境界。那么，领导容人究竟容什么？领导者不仅要能容有缺点、有过错的人，也要能容有不同意见的人以及能力超过自己的人，甚至能容竞争对手。当然，容忍也是有限度的，容忍不等于纵容，无原则的宽容只会导致鄙夷和失败。一旦下属的行为确实触犯了部门的利益，领导者就要按原则去办事，和他诚恳地讲清道理，说明缘由，该怎么处理就怎么处理，千万不能姑息迁就。

◆ 管理者要有所作为

企业管理中，我们常说居其职就要尽其责，但在些管理者居其位而没有尽其责。这一现象在家族式企业比较普遍。"平平安安占位子，忙忙碌碌装样子，疲疲沓沓混日子，吃了喝了捞票子"，员工们用这样的顺口溜形象地为这些没有责任意识的"无为"管理者画像。

巨人集团老总史玉柱在检讨其失败时也曾坦言："巨人的董事会是空的，决策是一个人说了算。因我一人的失误，给集团整体利益带来了巨大的损失，这也恰好说明，企业的管理者要有所作为，要居其职尽其责。"

一般来说，管理者的权力与所负有的管理者责任是统一的，管理者拥有一定的权力就必须承担相应的管理者责任，管理者的"无为"本身就是一种过失。

在一次企业管理者的聚会中，一位老板对另一位同行说："我手下有三个特让人生气的员工，做事总是不能让人满意，常常出岔子，我正准备找机会将他们炒掉。""为什么要这样做呢？他们为什么不成才？"这位成功的同行问道。

"让我说都不想说，一个整天杞人忧天，老是害怕工厂有事，不安心做事；一个整天嫌这嫌那，专门吹毛求疵，找别人的不是；另一个浑水摸鱼，整天在外面闲荡鬼混，不务正业。"成功企业家听后想了想，就说："既然这样，你就把这三个人让给我吧！"三个人第二天到新公司报到。新的老板开始给他们分配工作：喜欢吹毛求疵的人，负责管理产品质量，做质检员；害怕出事的人，让他负责安全保卫及保安系统的管理，做工厂的保安；喜欢浑水摸鱼整天在外面跑来跑去的人，让他负责商品宣传，做产品活动宣传员。三个人一听，职务的分配和自己的个性正好相符，不禁大为兴奋，兴冲冲地走马上任。

以前被别人瞧不起的员工，现在在另一个企业里都有了发挥自己的特长的机会，他们各司其职，各负其责，发挥出不可估量的作用，使得工厂的效益不断增加。这位成功的管理者感言："作为领导你可以不知道下属的短处，但不能不知道他们的长处。"他相信"人人是人才"，只要给他们发挥专长的机会，他们便会发挥出自己的才能。

案例中的老板就是一位不负责的管理者，最起码你没有把合适的人放到合适的地方，连这点小事都做不好的管理者根本没有尽到管理人才的责任，往小处说是对人才的不负责，往大处说是对企业不负责，这就是过失。

由于某些企业管理者权力意识强，责任意识弱，只想行使手中的权力，不愿对权力负责。"不求有功，但求无过"的惰性思维，导致管理者权力与责任二者不对等甚至被人为分割。正是由于这些无为干部践行着不求有功、但求无过的为官之道，使他们责任意识更加淡薄，甚至缺失。这样便形成了"无为"干部滋生繁衍的空间和土壤。"无为"干部对员工疾苦不闻不问，使员工正当的要求难以得到满足，正当的权益得不到保护。

现在，企业管理者应将"不求有功，但求无过"的责任观转变为"无为就是过"的责任观，通过自省、自重、自励、自警，真正做到：

"常修为政之德、常思贪欲之害、常怀律己之心"。服务企业服务员工是企业管理者最根本的工作职责和政治责任。必须把精力用在工作上，以敢于负责任的胆识、一往无前的决心、大胆探索的勇气，竭尽全力地把本职工作做好。

◆ 身先士卒，在员工心中树个榜样

印度圣雄甘地说："领导就是以身作则来影响他人。"

事实证明，企业管理者的一举一动往往影响着员工的积极性，会给员工留下深刻的印象。在不少企业里，都开展评先进、树典型活动，为员工树立了榜样，使企业形成了一种积极向上的文化氛围。其实，下属不用培养，身为领导者，要做的就是成为榜样，榜样就是领导力。有人说："一流领导做榜样，二流领导做说教，三流领导下命令，四流领导做恐吓，五流领导要流氓。"这句话很有道理。

在军队里，领导者应该以身作则，身先士卒；在现代企业里，领导者更应该如此。在一个团队里，一个领导者的执行力是下属执行力的上限，领导者没有执行力，你就休想让下属有很强的执行力。

联想集团总裁柳传志说："企业做什么事，就怕含含糊糊，制度定了却不严格执行，最害人。"立下的规矩是要遵守的，不仅员工要遵守，领导更要带头遵守。领导者既是一个组织中发号施令的人，也是这个组织中的排头兵，你得让你身边的兵向你看齐，用你的行动来影响他人。

联想集团一贯纪律严明。公司规定，迟到就一定要罚站。柳传志说："罚站是件挺严肃、挺尴尬的事情，开小会的时候，你得独自站着。更大的会场，你迟到了，会都停开，全体人员静默地看着你站立一分钟。"第一个被罚站的人，是柳传志的一个老领导。让过去的老领导罚站，柳传志很不忍心，但没办法，制度一旦设立就不能因人而异，制度因人而异，这个制度就废了。他对老领导说："今天迟到了，您也要接受处罚，今天您罚站一分钟，明天我到您家给您站一分钟！"事后，柳传志回忆说："老领导站了一身汗，我坐着也是一身汗，当时的情形的确尴尬，但是制度必须严格遵守。"

日本本田技研工业总公司的创始人本田宗一郎每当遇到棘手的事情时，总是自己率先去干。因此，公司里的年轻人非常佩服他的这种身先士卒的垂范作风。1950年的一天，为了谈一宗出口生意，本田宗一郎和同事藤泽武夫在滨松一家日本餐馆里招待一位外国商人。外国商人上厕所时，不小心弄掉了假牙。本田宗一郎二话没说，就跑到厕所，脱光衣服，跳下粪池，用木棒小心翼翼地慢慢打捞，终于找到了假牙。然后，他又反复冲洗干净，并作了严格的消毒处理。回到宴席上，本田宗一郎自己先试了试，高兴得手舞足蹈。这件事让那位外国人很受感动，生意自然获得了圆满的成功。藤泽武夫目睹了这一切，感慨不已，认为自己可以一辈子和本田宗一郎合作下去。

榜样可以起到明显的激励作用，从而推动各项工作的开展。什么是榜样激励的核心问题呢？就是企业的管理者要以身作则。

◆ 说到就要做到，勿因失信失人心

人无诚信就难以在社会立足，企业无诚信就难以发展。可以说，诚信是企业生存之本，注重企业诚信和获得员工信任是每个企业管理者的追求目标。

当 IBM 处在危机重重之际，郭士纳接任公司董事长。他拯救 IBM 的一个重要的手段就是将它转变成一个值得顾客信任的的企业，如今依靠这一转变，蓝色巨人已经起死回生，而且焕发出前所未有的生机，可以说郭士纳进行的是整个企业理念和文化的变革。相信这个例子的启示是发人深省的。如今企业的焦点已经从产品转移到服务，成功来源于发掘顾客，并解决他们所提的问题。公司已经从产品供应者转向问题解决者，要做到这一点就必须结合服务和产品，而且要明确与顾客最重要的联系不在产品，而在于服务关系。

赢得客户的满意不是终极的目标，更重要的还要赢得客户的信赖。只有赢得客户信赖，才能让客户永远忠实于你的产品、你的服务。中国谚语说："好的商家不应该改变它的客户，正如好的客户不应该改变购物的商家一样。"顾客的信赖和忠诚度是更值得追求的目标。

从企业的角度来说，顾客服务的目标并不仅仅止于使顾客满意，使顾客感到满意只是营销管理的第一步。美国维持化学品公司总裁泰勒认为："我们的兴趣不仅仅在于让顾客获得满意感，我们要挖掘那些被顾客认为能增进我们之间关系的有价值的东西"。在企业与顾客建立长期的伙伴关系的过程中，企业向顾客提供超过其期望的"顾客价值"，使顾客在每一次的购买过程和购后体验中都能获得满意。每一次的满意都会增强顾客对企业的信任，从而使企业能够获得长期的盈利与发展。

著名企业管理学家沃伦·本尼斯认为：产生信任是领导者的重要特质，领导者必须正确地传达他们所关心的事物，他们必须被认为是值得信任的人。

信任员工在很大程度上是指信任员工会尽力做事，也会正确地做完，而员工通常不会辜负管理者的期望。但是，在处处指挥、控制、监视的工作环境里，是不太可能激发信任和尊重的。而不信任员工是最不实际、最没有效率、最浪费时间的管理方式。在正常的情况下，管理是将工作目标划分成适当的责任范围，使得员工能发挥最大的潜力。但是，许多管理者狂妄自大，他们以为只有自己有能力完成工作，从不信任他人，又对自己有效管理他们的能力没有信心。

如果你对信任员工还是有点不以为然的话，请看看下面这个实例：

克里斯公司因为尊重员工而深受信任。新买下一家商店后，管理层决定拿掉店中的打卡钟，用这种方法告诉员工克里斯是怎么做事的。公司的管理者说："我们何必用打卡钟来贬低他们呢？他们是成年人，他们知道什么时候应该上班，他们知道自己应该尽到的本分。"管理者以实际行动表明他们相信和自己共事的人是值得信赖的，而且是有其重要地位的。依照克里斯的说法，这个故事的寓意是：把人当人看，日子会好过些，而且，你若尊重为你工作的人，长久下来，生产力会比较高。"好好干，要不然……"这样的态度，只在短期内有效。

该公司里的员工餐厅完全以荣誉制来经营——卖饭机不上锁，没有收银机，员工付账时，自行将钱放入一个敞开的钱箱里。克里斯说："你要么信任员工，要么不要信任。你若信任他们，就不需要上锁的收银机、打卡钟，外加几十个管理员。你若不信任员工，那就不要录用他们。"

在一个企业中做管理者，我们需要问自己："我对员工到底有多少信任？他们是否已经表现出了一些自我组织的能力？"这个关于信任的问题会让每一位管理者都进行哪怕是片刻的反思。那些鼓励员工参与和自我组织的管理者讲述了令他们吃惊的感受——员工们的才华、能量、忠诚、创造性甚至爱戴几乎把他们淹没了。而过去他们都错误地认为：员工们只是为了钱才来工作，他们都是自私而且狭隘的，他们并不在意企业的兴衰。

值得信任是信任的前提，信任是授权的前提。信任员工不仅要形成管理者对员工的信任，更重要的是形成一种双向信任的氛围。这对任何团队组织都是适用的要值得信任的话，我们必须遵守直接和隐含的承诺，食言肯定会造成极大的损害。

第三章　善于整合人才：让团队里的每个人都成为千里马

21世纪什么最重要？人才！中小企业最缺的资源是什么？人才！人才进得来，让越来越多的人为你服务；人才用得好，实现人才资源效益最大化；人才用得久，激发人才的内在发展动力；人才留得住，想尽方法留住人才的内心；通过人才整合，你赢，我赢，大家赢！

◆ 全面考察，切不可以貌取人

"人不可貌相"，而事实上，企业在用人选人上难免会"以貌取人"，管理者如何通过"相面"准确地判断人才就显得很重要了。在这方面，我们可以向晚清名臣、识人高手曾国藩请教一二。

作为曾国藩的爱徒李鸿章，有一次向恩师举荐了三个年轻人，期望他们能够助恩师一臂之力。时值傍晚，家仆告诉刚回官邸的曾国藩，那三个由李鸿章举荐的年轻人已在庭院内等候多时。曾国藩暗地里仔细打量着这三人，同时挥手示意家人暂且回避。这三个年轻人中，其中一个人不停地用眼睛观察着房屋内的摆设，似乎在思考着什么；另外一个年轻人则低着头规规矩矩地站在庭院里；剩下的那个年轻人相貌平庸，却气宇轩昂，背负双手，仰头看着天上的浮云。曾国藩又观察了一会儿，看云的年轻人仍旧气定神闲地在院子里独自欣赏美景，而另外两个人已经颇有微词了。

很快，曾国藩召见了这三个年轻人。交谈中，曾国藩发现，不停打量自己客厅摆设的那个年轻人和自己谈话最投机，自己的喜好他似乎都早已熟悉，两人相谈甚欢。相比之下，另外两个人的口才就不是那么出众了。不过，那个抬头看云的年轻人虽然口才一般，却常常有惊人之谈，对事对人都很有自己的看法，只是说话过直，让曾国藩有些尴尬。

简短的会面很快结束，等三位年轻人辞别了曾国藩之后。曾国藩立刻安排下人，为他们分别封职。职位安排的结果却出乎了所有人的意料。那个与曾国藩聊得最投机的年轻人，只做了一个有名无实的官；那个少言寡语的年轻人职位好一些，但也仅仅做了一个刀笔吏；最让人一头雾水的就是，那个仰头看云、顶撞曾国藩的年轻人被派往军前效力，还再三叮嘱下属，要重点培养这个年轻人。

对于如此分配，举荐人李鸿章大惑不解，特意找到曾国藩询问。这时曾国藩才缓缓道出其中缘由："我仔细观察了这三位年轻人，那个对大厅里的摆设充满好奇的年轻人，在与我交谈时能投'我'所好，刻意谈论摆设等物，但对其中的精髓不甚了解，而且他非常喜好在背后发牢骚，但在人面前却又毕恭毕敬，因此可看出他是一个表里不一的人，不是做大事之人；而第二个年轻人虽然老成沉稳，但过于羞涩，魄力不足，只好让他去做一个刀笔吏；最后一个年轻人在庭院里等候了很长时间，却不焦不躁，竟然还有心情仰观浮云，就这一份从容淡定便是少有的大将风度，更难能可贵的是，他能不卑不亢地说出自己的想法，这是少有的人才啊！"

曾国藩一席话使得众人连连点头称是。"这个年轻人日后必成大器！不过，他性情耿直，很可能会招来口舌是非。"说完，曾国藩不由得一声叹息。这三个人中，只有那个仰头看云的年轻人能让曾国藩满意，而事实也证实了曾国藩的见解。随着在一系列征战中的优异表现，最后那个年轻人成为军界、政界最引人瞩目的人。甚至在晚年之时，为了抵抗侵略军，他毅然领军挂帅，与法国侵略军作战，并一举打败侵略者。

他就是大名鼎鼎的台湾首任巡抚——刘铭传。但正如曾国藩所担心的那样，刘铭传生性耿直，后来被小人中伤。

曾国藩认为，一个人的内在品质，会通过精神面貌，集中体现在脸上，尤其是体现在两只眼睛里，眼睛可透露出很多信息，从身体素质到心性等，因而眼睛有"心灵的窗户"之称。古今中外名人在这一方面多有共识，在很多情况下，眼睛都是识别人才的重要途径。

曾国藩一生喜好相人，而且所相结果，十之八九不会出错。曾国藩相人时，必先面试目测，审视对方的相貌、神态，同时又注意对方的谈吐行藏，观其才学之高下，道德之深浅，二者结合，以此判断人的吉凶祸福和人品才智。

"贤者在位，能者在职"，促使这两类人才互相帮助，才能使企业蒸蒸日上。

找到拥有"综合能力"的人才。现今社会，一专多能的人才是任何企业都需要的。管理者在选人用人时，要对人才进行全面考核。管理者能够成功，与能够聘用人品素质优良、业务能力强的员工有很大关系，切勿以外表好坏而定义人才。

◆ 用人才而不用奴才

国王急需寻找一个管理国库的人才，准备向全国贴榜觅寻合适人选。

伴侍太监道："陛下，您又何必如此费心呢，平时你所花的费用不都是奴才替你记着吗？与其向全国贴榜觅寻，何不找一个现成的。"

国王讽刺地笑道："管理国库是大事，需要的是人才而不是你这样的奴才。"

太监把管理国库看得太简单了，所以会遭到国王的讽刺。

管理是一门学问，对于人才来说，他能够科学地采用适合于彼此的工作方法进行管理，处理人事关系，他也能避免简单生硬和感情用事，避免不必要的误解和纠纷，扬长避短、因势利导，进而赢得同事的支持与配合，造就一个协同作战的班子，并且能更迅速、更顺利地制定和贯彻各种决策，实施更有效的管理。

但对于奴才来说就差远了，他只知道领导要求他做什么他就做什么。若领导失策，他就只有死路一条。

有这样一个案例：

有一天，一位中年人闯进美国 IBM 公司的总裁小沃森的办公室，大声嚷嚷道："我还有什么盼头！销售总经理的差事丢了，现在干着因人设事的闲差，有什么意思？"

这个人叫伯肯斯托克，是 IBM 公司"未来需求部"的负责人，他是刚刚去世不久的 IBM 公司第二把手柯克的好友，由于柯克与小沃森是对头，所以伯肯斯托克认为，柯克一死，小沃森定会收拾他，于是决定破罐破摔，打算辞职。

沃森父子以脾气暴躁而闻名，但面对故意找茬的伯肯斯托克，小沃森并没有发火，他了解他的心理。小沃森觉得，伯肯斯托克是个难得的人才，甚至比刚去世的柯克还精明。虽说此人是已故对手的下属，性格又桀骜不驯，但为了公司的前途，小沃森决定尽力挽留他。

小沃森对伯肯斯托克说："如果你真行，那么，不仅在柯克手下，在我、我父亲手下都能成功。如果你认为我不公平，那你就走，否则，你应该留下，因为这里有许多的机遇。"

后来，事实证明留下伯肯斯托克是极其正确的，因为在促使 IBM 做起计算机生意方面，伯肯斯托克的贡献最大。当小沃森极力劝说老沃森及 IBM 其他高级负责人尽快投入计算机行业时，公司总部响应者很少，而伯肯斯托克却全力支持他，正是由于他们俩的携手努力，才使 IBM 免于灭顶之灾，并走向更辉煌的成功之路。

后来，小沃森在他的回忆录中说了这样一句话："在柯克死后挽留伯肯斯托克，是我有史以来所采取的最出色的行动之一。"

小沃森不仅挽留了伯肯斯托克，而且提拔了一批他并不喜欢、但却有真才实学的人。他在回忆录中写道："我总是毫不犹豫地提拔我不喜欢的人。那种讨人喜欢的助手，喜欢与你一道外出钓鱼的好友，则是管理中的陷阱。相反，我总是寻找精明能干、爱挑毛病、语言尖刻、几乎令人生厌的人，他们能对你推心置腹。如果你能把这些人安排在你周围工作，用心听取他们的意见，那么，你能取得的成就将是无限的。"

这个案例启示我们：人才知道该怎么做，而奴才仅知道按别人的要求做。

◆ 用好各种有明显缺点的员工

俗话说，"金无足赤，人无完人"。任何员工都不可能没有缺点，聪明的管理者应能够正确对待这一点，以此把握好时机，在不断的引导教育中让员工扬长避短，迅速锻炼成长。

一、对待员工缺点要赏罚分明

一些员工很能干，但缺点同样也不少。比如说，有的抓住管理者的一些失误，不分场合地与之争辩，使管理者尴尬至极；有的爱占小便宜，在一些蝇头小利上寸步不让。对于员工的这些缺点，管理者很容易走向两个极端：有的怕打击员工的工作积极性，能让就让；有的则针尖对麦芒，甚至在一些重大事情上挟私报复。这样一来，使得上下级之间的关系极为紧张，不利于工作的开展。对于这些情况，需要管理者对员工的缺点容忍有度，做到功过两清，赏罚分明，该奖励时奖励，该批评时批评，及时让员工认识到自己的缺点和不足，加以改正。

二、对待员工缺点要直言其过

员工有了缺点，有的管理者抱着事不关己的态度隔岸观火，任其自由泛滥；有的则因自身不正，怕人揭短，不敢直言其过；有的对一些问题模棱两可，不能及时指出员工的缺点，而只是一味地给员工脸色看，使员工自悟。这些都使员工常常感到缺乏方向感，也容易使那些善于察言观色、逢迎拍马、造谣生事的员工钻空子。这些人往往会趁机添油加醋，在上下级之间挑拨离间，制造紧张气氛，使管理者偏听偏信，孤立实干者，从而影响公司的和谐气氛和工作效率。

因此，对于员工的缺点，无论是听到的还是看到的，管理者都应开诚布公，说到明处，并允许员工辩解、讨论，让员工能知错即改，做到既往不咎，这样员工就会心情舒畅，集中心思干工作；同时，也使那些投机钻营的员工失去生存的土壤。

三、对待员工缺点要防微杜渐

在工作中，有的管理者对一些缺点员工一味地姑息迁就，从不说一个"不"字。认为家丑不可外扬，一旦铸成大错，则一棍子打死。

所以，为避免严重错误的发生，管理者对于员工的成绩，要开诚布公，公正地做出评价；同样对于"有功之臣"的缺点，也要及时地批评指正，在事情微露端倪时就明确指出，以防止铸成大错。

四、对待员工缺点要因人而异

1. 对待猜忌多疑的人

猜忌多疑的人有一些特征：永远感到不满意；无任何理由地警戒身边的人；分析问题多从坏的方面考虑。对待这样的人不要急于表白什么，而要以可靠的信息和有力的事实证明其猜测是错误的；要相信总有一天会水落石出、真相大白，无形之中管理者的威信也会随之提高。

2. 如何对待悲观的人

悲观主义者的一些言行举止，有时会令人发笑，有时又令人觉得可悲。

识别悲观主义者并不难，他们可能是一些谨慎、小心和稳重的员工，他们与那些懒惰、拖沓和平庸无能者是有区别的：偷懒、拖延、无能的人，往往会令人反感，而悲观主义者通常只是某些想法比较消极而已，这并不影响他们干好工作。对待悲观主义者，除了在情绪上给予开导之外，为其安排合适的工作岗位也是一种较好的做法：如将他置于流水作业流程的末端，使其成为良好的监督者，很多时候，他能预见可能的错误；要是确实存在差错，他则能比别人更快地把差错找出来。这对企业的经营与这类员工的自我信心的建立都有好处。

3. 对待争强好胜的人

争强好胜者有积极的一面：凡事不肯服输，不甘落于人后，总想挤到一流的位置，总想表现自己的实力等。但争强好胜者的性格也有消极的一面：易走向极端，可能因过于紧张而累垮自己，给自己的工作带来消极影响，并妨碍团队卓有成效的工作等。

营销管理者对待争强好胜者，不可以用咄咄逼人的态度，而应该从正面引导他们，肯定他们积极的一面，并为他们创造充分发挥自我才能的条件，进而促进企业的发展。另一方面，可找到适当机会，指出其个性给工作所带来的影响，以帮助他们克服自身的缺陷，逐步完善自我。

4. 对待工作态度不稳定的人

有些员工工作态度很不稳定，时而埋头苦干，废寝忘食；时而散漫松懈，毫无斗志。这种人大都视工作为磨难，在工作中找不到乐趣，但又不会轻易丢开工作，只因工作是谋生的手段。这种人往往没有吃苦精神，没有挑战困难的勇气。但能得到乐趣的地方，他都不惜代价、亲自去体验一番。当然，这种人也有优点，例如，他们也许性格开朗，惹人喜爱，重感情、善交际。

对于这样的人，营销管理者心里应有数，这种人不能不用，但也不应重用。理由很简单，这种人尽管略有才能，并且善于交际，但情绪不稳定，易受外界的影响，往往在很多关键时刻不能当机立断，勇往直前；遇到困难时，常束手无策，怨天尤人，不能勇敢地直面困难。因此，若委以重任，恐其也无力担当。

但也不能一概而论，这种人也并非是无用之才，如能量体裁衣，给他选择适合的岗位，挖掘出他的潜力，他也能够做出一番成绩。

5. 对待自以为是的人

有些人天生活跃，性格开朗乐观、大胆，敢于打破常规，认为天下没有不可能的事，但又爱以自我为中心，不喜欢听别人的劝告，总以为自己的做法永远是正确的。这种人对自己充满信心，对所有的事情都采取攻势，并且采用全攻型的方法处理事情；对新东西尤其感兴趣，总要探个究竟；相信自己的能力，也深信"人定胜天"的思想，认为主宰自己命运的唯有自己。

这种人发展到极端就是个人崇拜，常犯的错误就是极端冒险主义，他们往往只注意到自己而不顾他人情绪，因而极易引起大家的反感和不满。管理者任用这种人时，应该认真扶持，可让他们从事开发新的产品等研究创新之类的工作。

◆ 注重下属的潜能

领导者要做到知人善任，成为下属的知己，一个重要的方面就是要具备发现下属潜能的眼光和能力。工作中，不是每个下属都会有显著的成绩，许多人表现甚至很平庸。事实上，在任何一个企业中，真正出类拔萃的总是少数，而大部分人都处于一种中间状态。这些下属虽然表现一般，但并非说明他们没有能力，有些还是很不错的，只不过他们的能力还没有被激发出来，他们更需要领导的关注和激励。这就要求领导者要有挖掘这些一般下属优点的眼光，如果领导能够在日常的工作事务中发掘出他们的优点并予以哪怕是口头的表扬，就可能改变很多人，使他们的潜能被大大地激发出来。同时，这份知遇之恩也会让领导赢得下属真心的拥戴和支持。

一个值得下属追随的领导者应当是一个能够以潜能识人、用人的领导者。

伊尹是商汤的开国大臣，他帮助商汤打败暴君夏桀，为建立商朝立下汗马功劳。他原名叫阿衡，是有莘氏家的奴隶，虽然思谋精奇，才学宏深，却不为人知。

有莘氏把女儿嫁给商汤时，阿衡作为陪嫁的奴隶到了商汤府中做厨子。一次上菜时，商汤偶然问起他有关烹调的事。阿衡恭恭敬敬、不卑不亢地谈起烹调的技艺。商汤见一个厨子把烹调之事讲得绘声绘色、有条有理，就没有打断他。阿衡循序渐进，话锋一转，不知不觉把话题引向治理国家的道理，商汤越听越奇。听到阿衡讲王道与霸道同炊火与爆炒的异同时，商汤肃然而起，喟然长叹：治理国家的人才，我却让他烧菜做饭！他毅然决定把国家政事交给阿衡（伊尹）管理。

商汤死后，伊尹又辅佐帝外丙、帝仲壬、帝太甲。太甲是商汤的孙子，当了三年皇帝后，开始胡作非为，乱成汤德政，失民心于天下。伊尹就把太甲放逐到桐宫悔过，自己行摄王政，让成汤德政重布于天下。三年后，太甲悔过自新，向天下承认自己的错，伊尹又把政权还给太甲。

太甲死后，伊尹又立其子沃丁为帝。这样，伊尹成为成汤的五朝老臣。

伊尹如托孤老臣，忠心耿耿佐成汤治理天下。有这样的人才，国家何愁不富强，帝王何愁不成明君呢？伊尹的忠诚与商汤对他的赏识和重用是分不开的。"士为知己者死"，领导者若要赢得下属的忠心追随就应当像商汤一样，有一双识人的"慧眼"。

小李是上海一家公司的技术员，由于刚从高校毕业，对实际工作操作还不熟悉，在第一年中几乎没有任何值得可圈可点的表现，他自己也灰心丧气。但是这家公司的领导却发现小李有一个可贵的优点，就是理论基础扎实，于是领导不仅私下里找小李谈心，表扬他这一个优点，并把他放到车间里进行锻炼。结果一年以后，小李凭借他深厚的理论功底再加上实践经验，设计出了一种省时省力的操作流程，为该公司带来了大笔利润。

领导者要跳出用人识才的误区，较快地识别和激发下属的潜能，应当注意以下几点：

1.听其言。

有潜力的下属大多都是尚未得志之人，故其在公开场合说官话、假话的机会极少，所说之言，绝大多数是在自由场合下直抒胸臆的肺腑之言，是不带"颜色"的本质之言，因而就更能真实地反映和表达真实的思想感情。

2. 观其行。

一个人的行为，体现着一个人的追求。例如，一个讲究吃喝打扮的人，所追求的是口舌之福和衣着之丽；一个善于请客送礼的人，所追求的是吃小亏占大便宜，等等。任何一个人，一旦进入了自己希望进入的角色，就会为了保住角色而多多少少地带点"装扮相"。只有那些处在一般人中的人才，既无失去角色的担心，又不刻意寻觅表现自己的机会，所以，一切言行都比较质朴自然。领导者若能在一个人才毫无装扮的情况下透视出其"真迹"，而且这种"真迹"又包含和表现出某种可贵之处，那么大胆启用这个人才，十有八九是可靠的。

3. 析其能。

有潜能的下属虽处于成长发展阶段，有的甚至处在成才的初始时期，但既是人才，就必然具有人才的先天素质。或有初生牛犊不怕虎的胆略，或有出淤泥而不染的可贵品格，或有"三年不鸣，一鸣惊人"之举，或有"雏凤清于老凤声"的过人之处。一位善识人才的"伯乐"，正是要在"千里马"无处施展腿脚之时识别出它与一般马匹的不同。

4. 闻其誉。

善识人才者，应时刻保持清醒头脑，有自己的独立见解，不受表面现象所左右。对于已成名的显人才，不应当跟在吹捧赞扬声的后面唱赞歌，而应多听一听反对意见；对于未成名的潜人才所受到的赞誉，则应留心在意。这是因为，人大多有"马太效应"心理，人云亦云者居多。大家说好，说好的人越发多起来；大家说坏，说坏的人也会随波逐流。当人才处在潜伏阶段，"马太效应"对其毫不相干。再者，别人对其吹捧没有好处可得。所以，其称赞是发自内心的，是心口一致的。领导者如果听到大家对自己一名普通的下属进行赞扬时，一定要引起注意。

◆ 善用人短，贵在组合

善于用人之长，很多管理者能够做到，但善于用人之短，则既需要勇气又需要智慧。完美的理想人才是不存在的，用人的关键是包容、组合和互补，既会用人所长，又会用人所短。

诸如，让爱吹毛求疵的人去当质检员，让争强好胜的人去抓生产和开拓市场，让谨小慎微的人去管安全，让好出风头的人去搞公关，让斤斤计较的人去管仓库和抓考勤等。如果能这样，则团队中人人都是"千里马"。

一位专门从事人力资本研究的学者说过这样的话："发现并运用一个人的优点，你只能得 60 分；如果你想得 80 分的话，就必须容忍一个人的缺点，发现并合理利用这个人的缺点和不足。"这话既有新意，又富哲理。

扬长避短是用人的基本方略。然而，在现实生活中，人的长处和短处并不是绝对的，没有静止不变的长，也没有一成不变的短。在不同的情景和条件下，长与短都会向自己的对立面转化，长的可以变短，短的可以变长。这种长与短互换的规律，是长短辩证关系中最容易被人忽视的一部分。用人的关键并不在于用这个人而不用那个人，而在于怎样使自己的每个下属都能得到最适当的位置，发挥最大的潜能。因此，一个开明的管理者应学会容忍下属的缺点，同时积极发掘他们的优点，尝试用长处弥补短处，使每个人都能发挥专长。有人性格倔强，固执己见，但他同时必然颇有主见，不会随波逐流，轻易附和别人意见；有人办事缓慢，手里不出活，但他同时往往办事有条有理，踏实细致；有人性格不合群，经常我行我素，但他同时可能有诸多发明创造，甚至硕果累累。管理者的高明之处，就在于短中见长，善用其短。

现实生活中，善用人短的大有人在。美国柯达公司在制造感光材料时，需要有人在暗室工作。但视力正常的人一进入暗室，犹如司机驾驶着失控的车辆一样不知所措。针对这种情况，有人建议：盲人习惯于在黑暗中生活，如果让盲人来干这种工作，一定能提高工作效率。柯达公司管理层接受了这一建议，将暗室的工作人员全部换成盲人，结果不仅提高了工作效率，保证了工作质量，还给公司增加了可观的利润。在暗室里工作，盲人远胜过正常人，真可谓善用人短，化短为长。

深圳有一家公司，在对全部员工进行综合测评时，除了根据各人的专长与优点分工外，还采用了按照每个人的缺点来编排岗位的办法，千方百计地用人之"短"，达到人尽其才的目的。他们让爱吹毛求疵的人去当产品质量管理员；让谨小慎微的人去当安全生产监督员；让一些斤斤计较的人去参加财务管理；让爱道听途说传播小道消息的人去当信息员；让性情急躁争强好胜的人去当青年突击队长……结果，这家企业变消极因素为积极因素，大家各司其职，各尽其力，公司效益成倍增长。

日本松下电器公司副总经理中尾哲二郎就是松下先生善用人短的例证：中尾原来是由松下公司下属的一个承包厂雇用来的。一次，承包厂的老板对前去视察的松下幸之助说："这个家伙没用，尽发牢骚，我们这儿的工作，他一样也看不上眼，而且尽讲些怪话。"松下觉得像中尾这样的人，只要给他换个合适的环境，采取适当的使用方式，爱发牢骚爱挑剔的毛病有可能变成敢于坚持原则、勇于创新的优点，于是他当场就向这位老板表示，愿让中尾进松下公司。中尾进入松下公司后，在松下幸之助的任用下，果然弱点变成了优点，短处转化为长处，表现出旺盛的创造力，成为松下公司中出类拔萃的人才。

人，有了缺点或"短"处并不可怕，可怕的是人们对缺点或"短"处的歧视和偏见。人生可供利用的资源不只是人的优点和长处，还有人的缺点和短处，只要缺点和短处被利用得好，用得其所，也能成为人生的一笔难得的财富。

金无足赤，人无完人。任何人有其长处，就必有其短处。人的长处固然值得发扬，而从人的短处中挖掘出长处，由善用人长发展到善用人短，这是用人的最高境界。长短互换的规律告诉我们，任何时候对任何一个人都不要僵化地看待，不要静止地看待一个人的长处和短处，要积极地创造使短处变长处的条件，同时也要防止长处变短处的情况发生。

善于使用别人的短处，这首先是一种态度，还是一种能力，是一种方法，需要积极地通过提高自身素质来实现"使用别人的短处"，达到人的"短处"得到"长用"的目的。

◆ 学会授权，让下属帮着做事

管理学大师德鲁克认为，只有了解时间并善于管理时间的人，才是卓有成效的管理者。他认为要想做到有效管理时间，必须会计划时间、简化工作以及授权于人。

我们先看一个计划时间的案例。

1976 年冬天，19 岁的迈克尔在休斯敦大学主修计算机。他是一个音乐爱好者，同时也具有一副天生的好嗓子。对他来说，成为一个音乐家是他一生最大的目标。因此，只要有多余的时间，他就把它用在音乐创作上。

不久，迈克尔又找了一个名叫凡内芮的年轻人来合作，凡内芮了解迈克尔对音乐的执着。然而，面对那遥远的音乐界及陌生的唱片市场，他们无计可施。

有一次闲聊，凡内芮突然从嘴里冒出了一句话："想象你 5 年后在做什么？"迈克尔还来不及回答，他又说："别急，你先仔细想想，完全想好，确定了再告诉我。"迈克尔想了想，开始说："第一，5 年后，我希望自己能有一张唱片在市场上发行，而这张唱片很受大众欢迎；第二，5 年后，我要能天天与一些世界一流的音乐家一起工作。"

凡内芮听完后说："好，既然你已经确定了，我们就把这个目标倒过来看。如果第 5 年，你有一张唱片在市场上，那么第 4 年，一定要跟一家唱片公司签约。那么第 3 年，一定要有一个完整的作品，可以拿给很多很多的唱片公司听，对不对？那么第 2 年，一定要有很棒的作品开始录音了。那么第 1 年，就一定要把你所有准备录音的作品全部编曲，排练好。那么第 6 个月，就是要把那些没有完成的作品修饰好，然后让你自己可以一一筛选。那么第 1 个月，就是要把目前这几首曲子完工。那么第 1 个礼拜，就是要先列出一个清单，排出哪些曲子需要修改，哪些需要完工。"

凡内芮一口气说完，停顿了一下，然后接着说："你看，一个完整的计划已经有了，现在你所要做的就是充分利用时间，并按照这个计划去认真地准备每一步，一项一项地去完成。这样到了第5年，你的目标就实现了。"

说来也怪，恰好在第5年，迈克尔的唱片开始在北美畅销起来，他一天24小时几乎全部都忙着与一些顶尖的音乐高手在一起工作。

这个故事给我们的启示是：制订详细的计划利用时间固然重要，但如何最大化地利用你的时间呢？运用逆向思维，将目标倒推，将你的时间完全置于目标中，你就会取得最大化绩效。你可曾想到，制定目标、给自己计划时间有多么重要。

很多人每天忙得不可开交，他们总是行色匆匆，总是有做不完的工作、开不完的会、吃不完的宴席。为什么会出现这种情况呢？德鲁克认为，很多人根本没分清楚哪些事情该做、哪些事情不必做、哪些事情纯粹是在浪费时间。所以，作为管理者，必须剔除那些浪费时间的事情，简化你的时间表，让自己做最有用、最有价值的事。

露茜发觉自己起床越来越早，睡觉越来越晚，只不过是为了应付日常生活所需。露茜是贤妻良母，也是称职的眼科医生，却老是感到时间不够。露茜于是和她的律师丈夫吉姆寻求简化生活之道。露茜说："我们必须先确定人生哪些事情最重要。"他们知道，应该多腾出点儿时间陪3岁的儿子玩耍，也要多做些运动，均衡饮食，多与朋友来往。夫妇二人决定从此过朴素的生活。

"我还是很勤快，不同的是现在我能完全支配自己的时间，"她说，"我现在可以腾出时间带孩子逛动物园，陪他打篮球。过去我因为精神紧张，常常头痛，现在头痛消失了。我们简化生活，抛弃了那些浪费时间的杂事，其实获益更多。"

要学会管理自己的时间，必须尽量少做浪费时间的事。我们每个人都要有简洁的生活，浪费精力的事情既损害我们的生命质量，也降低我们的工作效能。所以作为管理者，应该时刻警醒，明白什么事是我们应该做的，什么事只会浪费我们的精力，然后选择重要的事去完成。

任何一个管理者都没有足够的时间完成他想完成的事情。所以，管理者应该学会如何授权让别人去完成一些事情。管理者没必要事必躬亲，尽量减少管理、放手让别人干，才是明智之举。然而，很多管理者并不明白授权给别人是多么重要的事。

有一家公司的某部门经理，工作认真负责。上司很赏识他，提拔他做一个 14 人小组的主管。可他上任才两个星期，大家便发现：这位经理每天都好像很累的样子，总是眉头紧锁。他的上司决定要好好问一问是怎么回事。经过约谈三四位员工及其他与他一起合作的主管后，精明的上司终于发现了问题的症结。因为这位经理做事很负责，所以大部分重要工作他都一手包办。就算剩下的"残羹"分给他手下去做，他也要全程过问，大小细节都在他的严格控管之下。最后的结果是他的下属都在"游手好闲"，而他自己却疲于奔命。

事必躬亲者凡事不假外求，他们总是担心别人做不好工作，结果却只会使自己忙乱不堪，疲惫不已。其实，管理者只要注重重点，然后汇集群力共同完成工作中的细节问题就可以了。

管理者通过授权，既节约了自己的时间，大大改善了自我效能，也能让下属找到工作的自信。可见，善于自我管理者必是善于授权之人。在授权时，管理者应彻底对下属授予实权，从而增加领导人员的可控制时间。但你必须认识到，即使授权给下级，自己仍然负有责任。

    国内的很多管理者还没有意识到节约时间的意义。你要静下心来反思：我有多少时间消磨在觥筹交错中？有多少时间耗费在毫无意义的闲谈中？有多少时间耗费在自己并不擅长的杂事中？当你有这些困惑时，你就该思考：管理的目的是为了少管理，因而授权于人，这样管理的效率和质量才会迅速提高。

第四章　善于整合资源：巧妙借力赢天下

　　整合就是要优化资源配置，要有进有退、有取有舍，要获得整体的最优。而在企业的资源整合中，内部的资源整合、能力资源整合和信息资源整合一个也不能少。

◆ 整合团队优势，凝聚集体智慧

一个人的智慧总是有限的，如果不能借助团队成员的"智慧"来为团队出谋划策，那么团队领导要么是个独断专行的人，要么就是不懂得"借力"，不明白"三个臭皮匠，顶个诸葛亮"这个道理的人。

一般来说，借助团队成员的智慧来做方案，有三种情况：

一是直接选择某个成员提出的方案；

二是将所有成员的方案进行叠加，汇总出一份完美的方案；

三是团队成员互相沟通，通过"头脑风暴"集体讨论制订出一份新方案。

由于最终的目的是要把团队的工作做好，所以无论哪一种情况，团队领导都无须介意，不要因为方案不是自己策划出来的就感到丢脸。要知道，放着这么多的"脑袋"不懂得利用，不懂得整合，那才叫丢人。

那么，如何才能"高效"整合团队的集体智慧，为制订团队方案做出贡献？这也需要根据实际情况而定。

有些领导为了表现自己的民主，不管做什么决策，都要把大家聚集到一起，让大家一起提建议。这样做看起来是尊重团队成员的意见，实际上却很可能浪费了大家的时间，而且不一定能够做出决策。毕竟，每个人所在的位置不同，所提出的建议也就会存在差异，严重的甚至会出现相互对立的建议。这时候，最可能出现的结果就是大家争论不休，公说公有理，婆说婆有理，争吵了半天，什么决策都没做成。

因此，当团队领导要借助全体智慧来做决策的时候，首先一定要考虑：这个决策是全局性的还是只针对某一块工作的。如果是只针对某一块工作的，就不妨直接找到负责这块工作的团队成员，向他征询意见。如果此成员也不能提出建设性意见，再想办法去征求大家的意见也不迟。

如果所做的决策是全局性的，也不能着急把大家叫到一起进行讨论，因为在你没有初步了解大家的想法之前，贸然把大家叫到一起进行讨论，很可能会引起无效的争论，徒然浪费大家的时间。解决这个问题的最好办法就是，团队领导先挨个了解每个成员的想法，然后再把大家聚集到一起进行讨论。这样做的好处是由于团队领导预先了解了每个成员的想法，心里有底了，这样就可以在现场对大家的讨论进行引导与掌控，从而避免无效争吵的现象出现。

一般来说，要想整合大家的智慧，团队领导需要考虑如下几个问题：

第一，节约时间。对规模较大的团队来说，要想倾听每一位成员的意见是很费时间的一件事情，所以，在这样的团队里面，为节约时间计，团队领导要有针对性地倾听某几个人的意见。

第二，以解决问题为导向。在一个团队里面，可能会出现团队领导喜欢某些成员，而不喜欢另外一些成员的现象。通常来说，一个真正讲原则、真正做事的领导在这时候是能够分清楚公与私的区别的。他们不会为了个人的爱好倾向来判断成员的决策，而是以解决问题为导向，以最终做好团队工作为目标，对事不对人的选择那个最佳的建议，哪怕提出这一建议的成员不被他喜欢，他也不会受到影响。

第三，决策权集中。值得注意的是，决策的最终决定权仍要掌握在团队的领导者手中，否则，过度的"民主"会出现争执不下的现象，过度的依赖别人更会丧失良好的时机。

一般来说，无论是在企业还是在团队，那些手握决策大权的人通常都有自己的一套个人或职业目标，而这些目标可能不符合企业或团队的目标。这个时候，团队领导就要如上面第二条所讲，以"解决问题为导向"，当然，如果能把个人的职业目标和团队的发展目标统一起来，就更是一件皆大欢喜的事情了。

◆ 整合人际关系：善用社交关系网

人际关系网就是钱脉，人际关系网就是命脉，如何整合自己的人际关系网？

1. 超越和创新观念

超越传统意义上的人际关系的落后理念，树立全新的现代人际关系资源的观念，把人际关系资源作为人生最重要的资源进行认识、管理和经营；在人际交往中，一定要有开放的胸怀、共享的精神、互助的意识、舍得的观念。

2. 通过参加培训和自我学习

努力不断地认识自我进行规范和系统性的学习和做个人职业规划，找到自己的问题和未来需求，发现自身的优势和劣势，明确未来的价值观和发展方向等，这些实际上都是与人际关系资源密切相关的。

3. 整合亲属资源

俗话说："是亲三分向。"人们在遇到困难的时候，常常能从亲戚那里得到强有力的支持。在现在社会中，由于经济的发展，亲戚关系也被蒙上了金色的镀膜，变得非常不确定和难以把握，特别是那些远亲。

无论如何，亲戚间的关系是需要维持的，不能到有求予人的时候才感觉"亲戚用时方恨远"。平日里，我们就应该注意维护近亲的关系，并将有用的远亲变成近亲，这样才可以在关键时刻帮助自己。

4. 整合同学资源

很多创业者的成功经历告诉我们一个道理：在创业者的人脉资源中，按其重要性来看，排在首位的就是同学资源。现在社会上同学会很盛行，仅北京大学，各种各样的同学会就不下几十个，其中有一个由金融投资家进修班学员组成的同学会仅有200余人，控制的资金却高达1200亿，颇为惊人。据说中国最好的工商管理学院之一的上海中欧工商管理学院，除了在上海本部有一个校友俱乐部外，在北京还有个校友俱乐部分部。人大、北大、清华等名牌大学在北京、上海、广州、深圳都有同学会或校友会分会，在这些地方，形形色色的同学会多如恒河之沙。

5. 整合老乡资源

老乡关系是重要的办事资源之一，这些资源也许你一辈子都会受益无穷。既然同乡观念在人的头脑中根深蒂固，足可影响一个人的发展和前途，那么我们再运用人际关系网办事时就不可忽视它。

6. 利用好时代互联网工具

在网络时代，一定要利用好网络工具（qq空间、sns网站、个人通讯录软件等），把自己的基本数据、信息和职业规划等进行必要的管理，一方面与更多的人进行交流，另一方面，利用工具让更多的人来了解自己，展示自己和发现自己，为积累更多的人际关系资源打下基础。

7. 积极参与各类线下的人际交往和社团

以积极的心态与更多的人进行交流和沟通，争取认识更多的朋友，让他人更多了解自己的优势和能力，以获得更多的人际关系资源。

8. 设定好自己的终极目标，体现自我价值

不要急功近利、急于求成，不要希望在很短的时间内获得你需要的人际关系资源。要长期努力提升自己的价值（观念、知识、技能、业绩等），逐步让相关的资源与你产生直接或间接的关系。

9. 积极主动付出，做个令人喜欢的人

守信守时，积极肯干，表现出年轻人的朝气、向上、助人为乐的特点，发挥年轻人的优势，强化他人对你的印象。

◆ 整合营销渠道九大步骤

营销界对于企业整合营销现实之状况有些茫然，根本的原因在于对自身行业的无奈，企业整合营销从来没有相对的规则，说圆并不是圆，说方也难以成方，而发出的企业整合营销理论也从来没有做到普及，从目前显示的所有企业整合营销概念上看，大凡追随企业整合营销理论的，应该无法从目标的最终实践上获取更多的经验。因此，所谓的跟随与发挥，时间长不了。以下企业整合营销的九个步骤，你都做到了吗？

1. 市场调查

知己知彼，方能百战百胜，许多企业整合营销竞争策略的制订，大都是老板坐在办公室里冥思苦想出来的，只是凭感觉，凭自己的

主观意愿来代替消费者的真实消费需求，并对竞争对手的策略一无所知，所以，最后的结果往往是浪费了企业的资金、资源而陷入市场困境。只有了解了竞争对手，了解消费者真实的消费需求，才能结合企业的资源和现状，制订有针对性的竞争策略，这是成功的前提，而这一切营销策略制订的依据都来源于市场调查。市场调查包括针对市场现状、消费需求、竞争对手以及重新理性的审视企业自身的资源和现状，简单地说就是针对企业的内部调查和针对外部市场环境调查两部分。

2.SWOT 分析（企业的优势、劣势、机会和威胁）

通过对市场调查信息的整理，要明确企业的优势、劣势，明确市场机会和竞争威胁。市场机会对每个企业都是均等的，而关键看企业结合自己的实际情况能否把握，大企业有大企业的活法，小企业也有小企业的生存之道，对任何企业来说，都有做大做强的机会。企业首先要了解清楚自己的现状，理性的认识自己的优势和不足之处，同时还要看到来自竞争对手的威胁，这样才能制订出有竞争性的营销战略和策略。

3. 市场定位和经营战略

有目标才有动力，才有努力的方向，经营战略的确定不仅仅是简单的销售额目标和利润指标，具体包括年度销售目标、赢利目标、产品规划战略、竞争战略、品牌战略、市场推广战略、渠道战略等。经营战略包括长期和即期的，具体要结合企业现状和市场动态来确定。

4. 制订针对性的营销策略

缺乏有效的营销策略是许多企业在市场上处于推广困境的主要原因。营销策略的制订，要结合竞争对手和消费者的需求，需要制订企业的产品策略、价格策略、渠道策略、针对经销商和消费者的促销策略、终端策略等。

5. 品牌规划与低成本企业整合营销传播策略

品牌建设不是简单地进行一下广告宣传而短期速成的，品牌建设是企业一切营销活动的积累，是企业长期系统营销活动的结果。品牌建设对于企业销量的提升不言而喻，许多企业在完成了企业的原始积累而进行发展跨越时，品牌就成了一道坎，败就败在从初期就缺乏系统的品牌规划和品牌传播。品牌规划包括品牌定位、品牌诉求、品牌视觉形象识别系统设计等，而品牌的传播要结合企业现实的资源来确定，在企业资金有限的情况下，就要考虑低成本的品牌营销传播活动，比如终端、软文等地面渗透传播，在企业具备一定的实力后，再考虑电视等的"高空轰炸"。

6. 制订竞争性的区域市场推广策略

在经过市场调查了解了竞争品牌的市场策略及市场机会和现状后，企业就要制订自己的市场推广策略，是采取聚焦目标市场策略，先建立根据地以点带面的进行稳步市场推广呢，还是实行市场全面开花的战术；是采取与竞争对手正面抗衡的跟随市场策略呢，还是避开与竞争对手的正面冲突而另辟战场的战术，等等，具体要结合企业的实际资源情况确定。

7. 招商规划和策略、经销商的管理

建立了完善的经销渠道，等于在战场上占据了有利的阵地！招商如同征婚，要进行系统的规划，在征婚之前首先要审视一下自己的条件，列明自己的优势，其次要考虑要找什么样的目标情人最合适，然后要考虑通过什么样的媒介途径把征婚的信息发布出去，在

发布信息之前还要考虑什么样的征婚传播内容更有吸引力，等有了潜在的目标情人后，就要考虑如何沟通获得姑娘的芳心了。招商要进行系统的规划、准备和计划，许多企业都因为在没有进行充分计划的基础上，就让销售人员带上简单的产品资料冲上招商的战场，最后的结果是一无所获。招商规划要明确招商目标、招商条件、企业政策支持、招商方式和途径、招商沟通规范、招商步骤和计划等系列因素。而经销商的管理如同婚姻的经营，如果缺乏有效的经营管理手段，老婆也可能会"移情别恋（代理其他品牌）"或者"红杏出墙（经营着我们的品牌而主推其他品牌）"，如果长期夫妻不和，最后只能面临"离婚"的结局。

8. 营销团队建设及管理（人员、业务、信息等管理）

营销团队的组建要结合企业的战略和市场推广策略来确定，而首先要完成营销组织架构规划，明确营销机构的部门组成，每个部门的职能职责，然后确定配置什么样的人，具体要明确到每个人的岗位描述，让每个营销人员都明确自己的职责和权利，比如大区经理、省级经理、城市经理、销售主管、市场策划员等，最后要制订每个人的职位说明书。结合岗位描述，然后要确定每个职位的薪资体系。完善薪资体系的设计对稳定和培养一批能征善战的营销人员、调动其主观能动性具有重要作用。针对营销团队的管理要建立一套系统的针对人员、业务、信息反馈等的营销制度和流程，营销制度可以激励监督惩罚营销人员的行为，流程可以保障营销活动开展的效率，保证营销计划的执行力度和深度。

9. 营销预算与年度营销实施计划（包括营销控制体系）

目标制订对应的是企业现有的资源，根据企业现实的资金、资源情况来进行营销预算和费用控制，并制订具体的年度营销计划和行动措施步骤等。

◆ 整合效率：效率就是金钱

"时间就是金钱，效率就是生命。"这句格言，应作为企业生产管理的出发点。企业各级管理者无论说话做事，都要处处珍惜时间，讲究效率，注重效果，要把时效思考贯穿于各个方面：

1. 讲话注意效果

能用一句话说明白的事不用两句话，能用 5 分钟说完的话，决不延长到 10 分钟。俗话说："蛙叫千声，不如晨鸡一鸣"。美国著名作家马克？吐温在回答"演说词长的好还是短的好"时，幽默地说："有个礼拜天，我到礼拜堂去，适逢一位传教士在那里用令人哀怜的语言讲述非洲传教士的苦难生活。当他说了 5 分钟后，我马上决定对这种有意义的事情捐助 50 元；当他接着讲了 10 分钟后，我就决定把捐助的数目减至 25 元；当他继续滔滔不绝地讲了半小时之后，我又从心里减到 5 元；最后，当他又讲了 1 小时，拿起钵子向听众哀求捐助并从我面前走过的时候，我却反而从钵子里偷走了两块钱。"马克·吐温在这里不是倡导偷钱，而是阐明：同样的说话价值，是和时间成反比的。

2. 生产讲究效率

商品的价值是以社会必要劳动时间来衡量的。在同类商品中，个别生产者生产效率高，凝结在商品中的一般人类劳动低于社会必要劳动时间，这个时间差额就能使个别生产者比社会多数生产者多得利，而且增强了企业的竞争力和生命力。所以，善于时效思考的管理者总是千方百计提高劳动生产率。

3. 工作突出重点

管理者面临的工作千头万绪，而时间和精力却是有限的。为了提高工作效率，必须对时间实行科学管理，把自己的精力集中用在最重要的工作上。美国企业管理顾问艾伦 • 莱金专门从事节约时间的研究，他写了一本《如何控制你的时间和生命》的书，其中提倡编制每天工作时间表。他把每天工作分为ＡＢＣ三类。A类最重要，B类次之，C类可放一放。把60% ~ 80%的时间用来处理A类，其余时间处理B类的事。现在西方不少管理者口袋里带着一本《效率手册》，用它来对照安排自己的时间，力求主动驾驭时间，提高时间利用率。

4. 投资核算时间代价

例如：如果一个项目投资 1 亿元，企业得到投资后就得付出代价，平均每天代价是 10%。1 亿元资金，每年要付出 1 千万元代价，每月要付出 833333 元，每天要付 27777 元，每分钟要付 19 元。若不及时使用投资取得效益，每分钟都有损失。因此，对投资的项目一定要抢时间，争速度。

5. 会议计算成本

为了互通信息、协调关系或安排工作，开会是必要的。然而会议过多就会走向反面。因此必须精简会议，提高会议质量。日本一些企业连开会也计算成本，其公式是：附加价值 ×2× 开会人数 × 开会时间（附加价值以每分钟单位平均工资的 3 倍计算）。

6. 抓时机力求及时

时机是事物转折的关键时刻。抓住了时机，可以事半功倍，以较小的代价取得较大的效果。错过时机，往往会使到手的成果付诸东流。"一着不慎，满盘皆输"。注重时效思考的管理者必然注意审时度势，捕捉时机，当机立断。

◆ 整合成本：增强成本控制的理念

成本是影响企业生存和发展的关键因素之一，成本的高低往往决定着企业的兴衰成败，成本控制对每个企业来说都是管理中的重点和难点。德鲁克认为：企业家和管理者要加强组织成本控制，重要的并不是成本控制的方法，而是成本控制的理念。企业能不能有效地控制成本，取决于决策者和管理者建立了怎样的成本理念。绝大多数的成本问题都是观念上的认识差距造成的。

有一次，保罗·盖蒂了解到某家下属企业的情况，知道该公司很有发展潜力，但营运状况很差，亏损严重。盖蒂找到了症结所在，就是这家公司的三位高级管理者无成本与利润的观念。

盖蒂决定彻底改变这家公司的面貌。他在发薪水之前，交代会计部门将那三位高级干部的薪水各扣5美元。他还吩咐会计部，若那3人有异议的话，叫他们直接找老板。

果然不出盖蒂所料，发薪一小时内，那三人不约而同地跑来找盖蒂理论。盖蒂严肃地对他们说："我已经查过公司的财务报表，发现上年度有好几笔不必要的开支，造成公司好几万美元的损失，但我没有看见你们采取任何补救措施。如今，你们每人的薪水只不过少了5美元，却急不可待地要求补救，这是怎么一回事？"

那三位高级管理者听完盖蒂这番严厉的教训后，感觉很惭愧。有两位很快研究出了加强企业管理的措施，加强了成本与利润的核算观念。而另一位由于没有改进表现，不久就被辞退了。经过一段时间的努力，这家公司的经营状况得到了改善。

很多管理者对成本控制的理念认识不足，他们认为这是财务部门的事，于是"事不关己，高高挂起"。这种错误的想法导致成本控制流于形式，部门之间难于协调，最终会大大影响企业的整体绩效。

有效的成本控制是企业在激烈的市场竞争中成功与否的基本要素。但成本控制绝对不仅仅是简单的降低成本，节流固然重要，开源更为可贵。企业控制成本，关键要靠创新，创新是企业成本控制的根本出路。

美国西南航空公司是一家非常注重成本控制的公司。在美国航空行业中，它以自己鲜明的特色傲视群雄，成为美国最赚钱的航空公司。

西南航空公司有句名言，那就是"飞机只有在天上才能赚钱"。为此他们专门计算过，如果每个航班节省地面时间 5 分钟，那么每架飞机每天就能增加 1 个小时的飞行时间。所以 30 多年来，西南航空公司总是使用各种办法让他们的飞机尽可能在天上长时间地飞行。

西南航空公司的飞机从来不设头等舱和公务舱，也从来不实行"对号入座"，他们把飞机当作公共汽车，鼓励乘客先到先坐。这样的安排大大缩短了乘客的登机等候时间，一般说来，这一时间在半小时左右。为了节省顾客等候领取托运行李的时间，他们连飞行员都派上用场。人们常常可以看见西南航空公司的飞行员在满头大汗地帮助乘客装卸行李，这样不但使顾客节省了时间，还获得了优质服务。

　　为了配合公司"国内线、短航程"的市场定位，西南航空公司全部采用波音737客机。这样做有一个最大的好处，那就是任何一名空乘人员都熟悉飞机上的设备，这使得机组的出勤率和配备率都处于最佳的状态。这一点也让很多大型航空公司难以模仿，因为它们的飞机型号非常齐全，长短途兼营，没有办法和西南航空公司一样享受机型一致所带来的优势。为了节省顾客的成本，西南航空公司能省则省，最大限度地降低飞机运营成本，并将这一结果转移给顾客，为顾客创造更多的价值。

　　西南航空公司并没有满足于成本的降低，它们把顾客当作自己的上帝。所有的成本降低措施最终都是为了降低顾客的使用成本，并在提供优质的服务中不断为顾客创造温馨的乘机氛围，让乘客觉得自己的花费物超所值，因为它们购买到了货真价实的好"产品"。西南航空公司的低成本战略曾被同行嘲笑为"斤斤计较"，而现在却已经成为全球各大航空公司研究和学习的对象。

　　美国西南航空公司之所以能够在亏损严重的航空业中一枝独秀，不仅是因为他们大张旗鼓地实施了成本控制战略，更重要的是他们能够把市场吃透，善于创新，善于发挥并巩固自己的优势。

　　"飞机只有在天上飞才能赚钱"，这个朴素但却充满新意的成本观念，是西南航空公司得以生存的重要原因。其实无论是怎样的成本控制，管理者都必须明白：成本控制的前提不是怎么去降低成本，而是如何预防成本上涨。

　　创新永远是成本控制的根本。管理者要提升对成本控制的认识，不断深化成本控制理念，不断地创新。创新几乎涵盖企业的各个层面，比较重要的如技术创新、管理创新和营销创新。企业要通过技术创新降低原料用量，或者寻找替代原料；企业要通过管理创新来提高劳动生产率；企业要通过营销创新增加销量、降低单位产品营销成本。

◆ 有效整合团队知识资源

20 世纪 90 年代以来，人类社会进入知识经济时代，环境的变革和组织的发展对每一家公司都提出了新的挑战，对于像麦肯锡这样知识密集型国际著名大型咨询公司来说，更是如此。1996 年 4 月，顾磊杰就曾断言，随着科技的进步和时代的发展，麦肯锡管理咨询顾问公司将面临更加严峻的挑战。如今，如何管理好麦肯锡管理咨询顾问公司在全球 98 个分支机构的近 9000 名咨询专家，有效整合知识资源，并使组织高效率地更好地满足客户的需要，已变得越来越复杂。

1. 知识管理

知识管理是当前企业界的热门话题。据一项调查显示，已有 80% 的组织将知识作为自己的战略资产进行保护和管理。麦肯锡管理咨询顾问公司被公认为知识管理领域的领路人。公司内很多咨询专家在工作中发展起来的许多富有创造性的见解和思想都已成文，并发表于诸如《哈佛商业评论》等影响广泛的学术性期刊、杂志和报刊上，甚至还有一些畅销著作出版，如麦肯锡管理咨询顾问公司负责企业组织发展的专家汤姆？彼得斯和罗伯特？沃特曼合著《追求卓越》；负责战略管理发展的专家 Homage 的《战略家的思想》等，在学术界和实务界均受到极大的欢迎。

　　但是，相对于公司内大量有价值的经验和深邃的学术思想而言，这些已成文流传的论文不过是"冰山一角"。麦肯锡把知识管理的重点放在了对隐性知识的发掘、传播和利用上。

　　前面谈到麦肯锡公司"挖掘隐性知识"的时候，我们已经知道，麦肯锡创办了一份内部刊物，供那些拥有宝贵经验却又没有时间和精力著书的专家们与同仁共享思想火花。这种不拘形式的做法降低了知识交流和传播的门槛，使许多重要实用的新思想和新经验能够在短短一两页的摘要里面保存下来，使有益的知识和经验在公司内得到有效的传播，激励创新和坦诚的交流，而且也有助于提高知识提供者的个人声誉，为他们在公司里的发展提供良好的环境和机会。这种自由选择的方法还有助于甄选真正富有价值的点子和思想。

　　另外，为了使上述信息在公司内更加有效地交流和传播，麦肯锡管理咨询顾问公司还建立了一个储备经验和知识的专门数据库，用以保存在为客户工作过程中积累起来的各种信息资源，还委派全职的专业信息管理技术人员对数据库进行维护，确保库中数据的更新；当咨询专家需要从数据库中寻找信息时，由他们提供相应的检索帮助，提高使用效率。在数据库的内容管理方面，特别重视公司"T"型专家队伍结构中负责专业领域的专才型专家，从他们那里可获取有关专业领域的知识和经验，加强数据库中专用知识的完善，使数据库成为更为全面的信息资源。经过数月的努力，这个数据库搜集；2000 多份文件，为这个名为"麦肯锡实践发展网络"(PD Net) 的数据库的正式运行提供了充足的资料储备。

　　学术界和业界比较一致的意见是：存在两类知识管理的策略，即法典编辑策略和人格化策略。

所谓法典编辑策略是指知识与知识开发者的剥离，以达到知识独立于特定的个体或组织的目的；而后知识再经仔细地提取进而汇编成法典并存储于数据库中，以供人们随时反复调用。峨扬 (ErnStYoung) 公司企业知识中心的主任拉尔夫？普勒曾如此描述法典编辑策略：在剔除掉客户敏感信息后，通过将文档中零碎的关键知识，如面谈指导、工作日程、标靶数据和市场划分分析等加以汇总并储存在电子知识库中从而创造出"知识客体"。这种方法使许多人可以搜寻和提取经过编辑的知识，而无须与最初的开发者接触。这就实现了知识的反复使用，促进了企业的成长。

人格化策略则是指知识与其开发者紧密地联结在一起，知识主要通过直接的面对面的接触来进行共享。计算机在这类公司的目的是帮助人们更好地沟通知识，而不是储存。

从上面的分析可知，麦肯锡管理咨询顾问公司主要采用的是人格化策略。它集中注意力于个体间的对话，而不是数据库中的知识客体。在麦肯锡，知识并未被编成法典，知识主要是在运用头脑风暴法的研讨会中和一对一的交谈中发生转移的。咨询员通过对所要解决的问题反复进行探究，从而集体获得更深的领悟。

为了让人格化的策略行之有效，麦肯锡重金注资于建立人员网络系统。知识不仅仅通过面对面的方式，还通过电话、电子邮件和视频会议等形式进行共享。同时通过多种方式来培育网络系统：办事处之间的人员调动、支持咨询员立即给同事回电话的文化、创建专家目录以及在公司内使用咨询督导员等办法，来协助项目团队。

麦肯锡也发展了电子文档系统，但目的并不是提供知识对象，相反，咨询员浏览文档是为了迅速地切入某个特殊领域以及发现谁曾在某个领域或专题上做过，这样，他们就能直接与这些人接触。

人格化的策略依赖的是"知识经济学"的逻辑。战略咨询公司向客户提供的建议是那些丰富的、难以言表的知识。共享深层次知识的活动是极其花时间的、昂贵的和缓慢的，而且不能够被系统化，因而效率较低。这就意味着：

·在这些公司中咨询员与合伙人的比率是相对较低的，在麦肯锡管理咨询顾问公司每个合伙人大约有 7 个咨询员为其效力。

·要想在短期内雇用到许多新的咨询员是十分困难的，因为每位新人都需要大量的一对一培训。

基于此，这类战略咨询公司在实践中会发现：如果不以牺牲用户化的方法为代价的话，就很难实现快速增长。然而，高度用户化方案的提供，使它们比那些提供标准服务的公司能够收取更高的费用。通过对这两个策略的介绍，对你的策略选择肯定会有一定的影响，若想正确地选择知识管理策略，主管或经理必须先回答如下问题：

·为什么客户会购买本公司的产品或服务而不是向竞争者购买？

·客户期望从本公司得到什么利益？

·蕴藏于本公司的知识如何能为客户提供增值服务？

如果公司的主管或经理对这些问题没有清晰的答案，知识管理策略的选择将无从谈起。如果答案清楚明确，那么在确定主导知识管理策略时，应进一步考虑如下几个问题：

公司提供的是标准化的产品还是用户化的产品？如果提供的是标准化的产品，那么主导知识管理策略就应是法典编辑策略；如果出售的是用户化的产品与服务以满足用户的独特需要，那么法典编辑策略的效用就很有限。

公司拥有的是成熟的还是新颖的产品？如果企业的策略是基于成熟的产品，那么企业将从反复使用的模型中获得丰厚的回报，反之，如果拥有的是新颖的产品，则对知识进行管理时应以人格化策略为主导。

公司的员工在解决问题时依赖的是明确的还是难以言表的知识？明确的知识是可以被编辑的，如简单的软件代码和市场数据，当公司的员工依靠明确的知识去完成工作时，文档的方法最有意义；而难以言表的知识很难用书面形式表达出来，是通过个体经验获得的，包括科学知识经验，操作性的"知道如何"，对行业的洞察力，商业判断和技术经验等，有时试图将内隐的知识明晰化反而会产生严重的问题。

这样很显然了，因为麦肯锡管理咨询顾问公司提供的是用户化的产品，而这些产品往往是新颖的并不成熟的、公司员工在解决问题时依赖的又是难以言表的知识，所以麦肯锡采取的是人格化的策略。但在知识管理上，麦肯锡也不是完全抛弃法典编辑策略。麦肯锡发现：强化错误的策略或试图同时使用两种策略，将会迅速地损害本企业：80/20法则是实际决定主辅关系的一个有益参考。

2. 知识管理的实施步骤

随着世界经济一体化向纵深发展，如何实施知识管理就成为企业高层领导人十分关注的问题，也是企业面临变革与创新的重大考验。顾磊杰认为，企业实施知识管理，企业领导人应注意以下几个问题：

第一步，确定公司的战略目标和核心竞争力在哪里。由于知识管理不能脱离公司的目标而独立存在，它必须与公司的总体战略目标相一致，才能有生存和发展的基础。比如贾尔斯公司的长远目标是"成为一家长久的、有规模的、高科技的百年企业"。根据这个战略目标制订出贾尔斯公司的知识管理战略规划书，即"长久的"——知识必须有积累："有规模的"——知识必须能在大范围内共享："高科技的"——管理的知识必须能提炼成高附加值的。

第二步，确定公司知识管理的重点领域是哪些。首先明确公司的核心竞争力是哪些，比如贾尔斯公司强大的市场渠道能力、运作能力。其次明确公司哪些业务是未来的发展重点，比如贾尔斯公司网络产品的研发，软件产品的研发，分析公司潜在收益最大的环节等，从而确定组织内部优先实行知识管理的部门或流程名单。

第三步，对引入知识管理的业务环节或流程进行分析。分析该项业务环节或流程想要做到什么，而做到这些必须具有什么能力。比如我们经常说某事必须要某人来做，才能顺利完成，这里的某人所具有的能力和技能，就是在这个环节进行知识管理的内容。将这些管理起来，就能达到该项业务环节或流程想要做到什么的目标，并分析该环节现有的知识，包括显性知识和隐性知识存放在哪里，制订出它的知识树状图。

第四步，根据上述分析，制订相应的知识管理方案。该项业务环节或流程的知识需求是哪些，得到这些知识的障碍在哪里，如何破除障碍，得到需求的目标以及选择相应的最成熟的工具，制定订知识管理实施的计划书。

第五步，对引入知识管理的业务环节或流程进行实施前和实施后的评估。了解是否知识管理策略对该项业务有了明显的和可衡量的效果，同时也是对前期分析和知识管理实施的一个检测，并根据评估的结果来调整公司的知识管理计划。

　　对各项需要知识管理的环节或流程进行逐次的实施，全部实施后，再对第一个实施的环节进行再分析，再实施，形成企业知识管理的一个良性循环系统。

第五章　科学决策：从源头上做好正确的事情

决策是管理者特有的任务。真正的决策者一定会在决策时避免混乱，他们不会同时进行多种决策，而会将精力集中到重大决策上来。决策很重要，但更重要的是进行有效决策。任何决策都必然涉及利益诉求，而任何利益诉求背后都隐含着价值诉求。决策必然会遇到妥协，妥协是决策的常态。决策者必须要作必要的决策。

◆ 确定决策目标

卓有成效的决策者都能弄明白所要解决问题的性质，对于更多的决策者而言，决策是为了什么则更具有启发价值。很多人认为决策就是为了赚钱，这似乎并没有问题，然而这种认识最容易产生投机行为，即什么赚钱干什么。在一个市场发育完整、经济活动相对理性的环境中，这种行为会被彻底地挫败。中国当代的企业家和经理人必须明白，我们已经告别了短缺经济时代，任何一个市场都存在很大的风险，谨慎决策至关重要。

由于市场同质化、产品趋同化越来越明显，决策者面对未来，会充满各种各样的迷惑，决策者必须对市场的不确定性做出回应。这就要求决策者明确决策的目的，明确了目的就明确了决策需要实现什么、需要满足什么。

万科集团是国内房地产界的翘楚，其发展过程中的迅速转型为我们提供了明确决策目的绝佳案例。

1984 年，王石在深圳创建了万科公司。面对政策松绑的巨大市场空间，万科抓住机会，多元化发展，迅速取得了成功。公司创办后的前 7 年，万科的业务涉及进出口、零售、投资房地产、影视文化、广告、饮料、印刷、电气工程等 13 类，可谓什么行业赚钱就做什么产业，这时候的万科坚持"做加法"。

1992 年，中国开放房地产业。万科公司认为这是公司发展的大好机遇。于是，王石亲自带人到某房地产热点城市考察。当时该市的房地产市场正在热炒地皮。由于万科公司在房地产业已运作了几年，在全国也有一定的名气，市领导便很重视。该市市长说："市区的地已被圈得差不多了，你们要的话，还可以给一点，但都不大。这样吧，市区外围有一片40平方千米的土地，地价可以象征性地付一点，就算送给你们。"王石大喜过望，回到深圳后，到处扬言说万科要干大事业了。好在王石没有马上投资，否则今天的万科也许是另一番景象了。王石请了两位专家：一位是香港的投资分析专家，一位是新加坡的城市规划师，到该市给市领导讲课，意思是看怎么建设这40平方千米的土地。专家讲：1平方千米的土地，七通一平需要3个亿，40平方千米共需要120亿。按照投入产出的规律，投入1个亿，产出1. 3个亿，才能成为有效投资，使其投入不会闲置。按1：1. 3的比例，120亿就要有156亿的国民生产总值。当时，该市1年的国民生产总值才15个亿。也就是说，万科要以当时年营业额不过三四个亿的力量，在这里造出10个城市来。领导们越听越出神，而王石却越听越坐不住了。课一讲完，他便逃似的回到了深圳，从此再也不提40平方千米的事了。

通过这件事，王石便开始反省：身为决策人，对这么一件天方夜谭的事情，居然没有看出它的荒谬性，而当时类似于这样以平方千米为单位的开发计划，又何止这一起？

王石意识到，必须明确万科公司的发展方向，并以此明确决策目的。没有论证的盲目投资，会给万科公司带来灭顶之灾。

于是，在1993年以后，万科公司开始全面收缩业务，并且其力度之大为企业改造所罕见，在当时的决策者看来也不可思议。首先，在涉足的多个领域中，万科公司提出以房地产为主业，从而改变过去摊子铺得过大而主业不突出的现象。其次，在房地产经营的品种上，万科提出以中档城市民居为主，从而改变过去的公寓、别墅、商场、写字楼什么都干的做法。再次，在房地产投资地域上，万科提出回师深圳，由全国 13 个城市转为重点经营北京、天津、上海、深圳 4 个城市。最后，在股权上，万科公司对持有的全国 30 多家公司的股票开始转让。

王石通过反思企业的发展方向而敏锐地认识到明确决策目的的重要性，并以此为根据，使万科公司改变了多元发展、尾大不掉的局面，从而摆脱了中国民营企业发展初期普遍存在的"短视导致短命"的悲剧宿命。

作为企业家，如果是不懂技术、不了解创新产品性质和特点的非专业人士，往往以短期投机为目的，他们总是想赚一把就走，结果导致决策的随意和混乱。他们所造成的一幕幕巨人崛起和陨落的悲喜剧，值得决策者警惕和反思。

◆ 有效决策的基本要求

管理学界有一个有名的寓言故事。

某地的一群老鼠，深为附近一只凶狠无比、善于捕鼠的猫所苦。这一天，老鼠们群聚一堂，讨论如何解决这个心腹大患。老鼠们颇有自知之明，并没有猎杀猫儿的雄心壮志，只不过想探知此猫的行踪，以便早作防范。有只老鼠的提议引来满场的叫好声，说来也无甚高论，它建议在猫儿身上挂个铃铛。如此一来，当此猫接近时，老鼠们就能预先作好逃遁的准备。

在一片叫好声中，有只不识时务的老鼠突然问道："那么，谁来挂铃铛？"

很显然，老鼠们的建议非常有"创意"。然而，谁见过老鼠给猫脖子上挂铃铛呢？这个寓言告诉决策者，决策很重要，但更重要的是进行有效决策。有效的决策就是便于执行、能够操作的决策。德鲁克认为，尽管决策本身是决策者高度个人化的理性认识，但是决策必须被实施，必须得到执行，否则决策就没有任何价值。有效决策最基本的要求就是尽可能地贴近执行层面，尽可能地简便且容易操作。道理很简单：最复杂的理念，总是需要落实在简单的行动上。然而，很多决策者却是理念多于行动，想法高于现实。很多决策者忙于营销策划，忙于造势宣传，忙于传播新思维，却不能真正贴近企业的现实，不能贴近市场的真实。这样的决策和老鼠给猫脖子上挂铃铛一样"浪漫"得幼稚。

我们来看一个案例：

爱多公司是中国早年经销 VCD 的一个著名公司，在成功突施其"阳光行动 A 计划"后，由于盲目依赖营销，其继续推出了 B 计划。但这一决策几乎使爱多公司陷入绝境。

"阳光行动 B 计划"是一个具有超前思维的策划案例。爱多公司充分运用了各种营销手段，为消费者提供更加全面系统的服务。其核心内容是增值服务，通过"阳光行动 B 计划"使消费者购买爱多产品的一次性消费支出转化为一种消费投资，并通过强化"我们一直在努力"的信念来构筑企业与消费者的利益共同体，从而使爱多公司由产品经营转向包含服务经营在内的经营模式。

"阳光行动 B 计划"的增值服务方案有三方面内容：

（1）立即实现的增值。自 1997 年 11 月 1 日起，爱多公司以更有竞争力的价格为消费者提供更好的产品，全面调低价格，最高降幅达500元。

（2）即将实现的增值。爱多公司将建立"爱多阳光服务网络"，自1998年起，陆续向广大爱多VCD产品用户推出3大系列服务工程。即：①"千店工程"。1998年爱多公司在全国组织上千家影音制品商店为"爱多阳光服务网"用户提供优惠打折服务，节省爱多用户在购买软件时的支出。②"金蝶工程"。爱多VCD的用户可以时刻把握世界影音的动态，获得更加超值的享受。③"宝典工程"。"爱多阳光服务网"的用户每2个月会得到一份爱多公司赠送的精美影视资料。

（3）持续不断的增值。爱多人本着"我们一直在努力"的执着信念，还将持续不断地创造服务契机，为爱多用户提供更多的实惠和尊荣。

爱多公司认为，"阳光行动B计划"将逐步改变"消费就是支出"的传统观念，实现由消费支出到消费投资的转变，并得到持续增值。在这一经营模式下，将使消费者获得更多、更长远的实惠，爱多公司因此也将变得更具竞争力。

当你看完爱多公司的经营策划方案后，你或许会欣赏其理念的超前性，这个理念的初衷就是使消费者将消费活动转变为一种投资活动。然而最大的问题也正在于此，这个策划方案的各个环节大多无法实现，所以在实际操作层面出现了严重阻隔。结果，一方面是爱多公司的"浪漫"承诺，另一方面是消费者的抱怨。这种看上去很美的计划由于缺乏操作层面的支撑，造成爱多公司的信誉透支，最终致其经营陷入困境。

有效的决策应该是也必须是可以执行的决策，如果不能贴近执行层面，这个决策就是无效的，广东爱多公司的教训应该引起决策者的重视。

无独有偶，可口可乐公司也曾经遇到类似的问题。

几年前，可口可乐公司就预期到中国市场会出现一股果汁饮料的热潮，并在饮料厂商中率先推出果汁饮料品牌"天与地"。但令可口可乐公司沮丧的是，中国消费者对"天与地"果汁饮料并不买账，其产品销量一直处于低迷状态。

其实可口可乐公司失败的原因很简单：由于没有仔细研究消费者的需求，以至于在错误的时机推出了不适合的产品。

当初，由于"天与地"销售量低迷，可口可乐加大投入，拼命推广。但问题的关键在于消费者不是对"天与地"不感兴趣，而是对果汁饮料不感兴趣。因此，大量的投入反而引起新一轮的恶性循环。最终，"天与地"遭受了重创，可口可乐公司不得不放弃该品牌。

可口可乐公司的决策从另一个层面向我们表明：有效的决策并不意味着可以立即实现。即使你已经明确某个市场在将来必定有很强的爆发力，但是这并不能说明这个市场现在就能够操作。消费者的喜好、市场的变化是影响执行层面的关键因素。决策必须全面考察市场，必须关注哪些因素影响到决策的执行，必须认真核对信息的真实性。

◆ 重视别人的意见

决策者需要了解不同的信息，需要对企业经营中的不同情况进行有效判断，但是任何决策者都不可能掌握全部的信息和资源，所以决策者必须重视别人的意见。尽管某些意见不能被采纳，但至少可以作为决策的参考。即使是那些反对的意见，也可以提醒决策者需要规避决策中的风险。

卓有成效的决策者总是重视不同的意见。这样做，一方面可以防止决策变成"片面的深刻"，即决策者尽管看到了市场发展的方向，但未必能实现决策目标；另一方面，重视不同的意见，可以使决策者处于一种主动的地位，一旦某些决策被证明有缺陷，决策者不至于盲目应对。也就是说，重要的不是决策者怎么做，而是引导别人怎么做。

决策者重视别人的意见，还必须使自己在决策中处于主动地位，这就要求领导者必须引导员工参与到决策中来。同样的问题有没有员工参与会使决策执行的效果截然不同。

索罗门是一家公司的部门主管。最近部门业绩下滑，他和下属的沟通也出现了问题。索罗门决定赋予办公室一个新面貌，改变部门的气氛。虽然索罗门对办公室的新摆设的构思感到兴奋，但他决定先保守秘密，以便给大家一个惊喜。

周末，索罗门花了很长时间改变了办公室的陈设，每张桌子和椅子都移动了位置，每个文件柜和盆景都挪了一遍。他对自己的表现十分满意，以为只需要等到星期一聆听下属们的赞美就可以了。

周一早晨，索罗门刻意提早到办公室看看大家的反应。但他很失望：第一个到办公室的人一言不发，陆续到达的其他人也概莫能外。索罗门非但没有得到一句赞美之辞，反而备受埋怨。他费了九牛二虎之力企图说服下属，新的办公环境会使大家更有活力，但他的努力毫无意义。下属们抱怨了一周，办公室并没有焕发活力。

到了周五，索罗门召集下属开会，承诺在周一早上一切都会恢复原样。

于是索罗门又花了一个周末的时间物归原位，大家似乎对这种结局都感到满意。但索罗门始终耿耿于怀，他觉得必须要做一些改变，于是他向下属们不厌其烦地解释。

中午，几名下属走进索罗门的办公室说："我们已经讨论过了，您说得有道理。改变工作环境可能会给我们带来新鲜的气息，并提升大家的积极性和工作效率。"索罗门建议让所有的员工共同设计办公室的陈设方式。当天下午，下属们就把新的办公室配置图画好了。

在接下来的一周中，大家忙着安排办公室的空间。周五的时候，大家达成共识，每个人似乎都很兴奋。周末的时候下属们都过来了，大家帮忙搬东西，一起调整办公室的陈设，忙得不亦乐乎。

周一，布置得焕然一新的办公室受到大家的肯定。办公室的新面貌似乎真的为该部门注入了一股新气息，每个人都显得精神抖擞、士气高昂。

除了一两个桌子之外，下属们决定的配置图和索罗门在几个礼拜前自己决定的差不多。但两者受到的待遇如此大相径庭，实在耐人寻味。

索罗门为了提高部门业绩，只想做一点小小的变动，然而前后两次的结果却迥然不同。原因很简单，他的决策方式前后有别。当他一厢情愿地试图改变时，吃了闭门羹，因为下属在决策过程中是被动的；当他让下属参与决策时，却意外地达到了目的。这就说明，决策者的任何决策都需要一种决策艺术。决策者必须要重视别人的意见，必须善于把自己的决策通过员工参与的方式体现出来，因为所有的人都愿意当主人，而不想做奴仆。通过这样的方式，决策者处于决策的主动地位，并能积极地引导员工参与决策，以提高绩效。

决策者明白了决策不是一个人的事，还必须明确为什么决策不是一个人的事。古人云："兼听则明，偏听则暗。"决策者要主动听取下属的意见，这样才能全面、客观地了解事物，做出正确的决策。从管理角度来说，决策者全面听取各方意见，尤其是听取下属的反面意见，可以团结有不同意见的下属，也能赢得下属的尊重和信任，提高组织的凝聚力。对于有能力的下属而言，领导乐于听取不同意见会提高他们的工作绩效。因为他们有自己的纳谏之门，就会更积极、更大胆地献计献策，会更勇敢地纠正领导的过错，更自觉地提出改进工作的建议。反之，如果领导一听到反面意见就心存不悦，甚至对献策者假以辞色乃至打击报复，不接受部下的建议或批评，势必会失去下属的信赖和拥戴。

秦始皇执掌大权后，除掉了原来垄断朝政的吕不韦，并将吕氏门下的3000多名门客全部驱逐出境。紧接着，他又下了一道命令：凡是从别的国家来秦国的人都不准居住在咸阳，在秦国做官任职的别国人，一律就地免职，3天之内离境。他这样做，主要有以下几方面的原因：一是担心从别国来秦的人太多、太复杂，会对秦国有所损害；二是认为自己英明无双，有能力治理好秦国，不需要其他国家所谓的人才；三是某些大臣为了排挤别国来做官的人，进谏秦始皇，劝其驱逐别国人，以争权夺利。

驱逐人才是历代君主的大忌，秦始皇草率做出如此决定，势必引起一些有见识的大臣的不满。李斯是当时朝中的客卿，来自楚国，也在被逐之列。他认为秦始皇此举实在是亡国的做法，因此上书进言，详陈利弊。他说：从前秦穆公实行开明政策，广纳天下贤才，从西边戎族请来了由余，从东边宛地请来了百里奚，让他们为秦的大业出谋划策；而当时秦国的重臣蹇叔来自宋国，配豹和公孙枝则来自晋国。这些人都来自异地，都为秦国的强大做出了巨大贡献，收复了20多个小国，而秦穆公并未因他们是异地人而拒之门外。

李斯又举出大量历代有作为的王广招贤才、多方纳谏的事例，并直言指出，秦始皇的逐客令实在是荒唐之极。把各方贤能的人都赶出秦国就是为自己的敌国推荐人才，帮助他们扩张实力，而自己的实力却被削弱。这样不仅统一中国无望，就连保住秦国不亡也是一件难事。这一系列的肺腑之言虽然尖锐刻薄，但都是逆耳忠言，秦始皇如醍醐灌顶，恍然大悟。他意识到自己是由于听了某些狭隘大臣的愚见，更是出于自己的骄横，做出了这样错误的决定。自己如此的不明事理，哪里还能得到其他贤能之士的辅佐呢？于是秦始皇立刻传令四方，告知众人，秦王收回了逐客令，挽留各方的人才；同时派人请回李斯，为其复职，当面谢罪，同他共同商讨统一六国的大业，并决定此后要广招各方志士，争取他们为秦国的强大做出贡献，为自己效力。

正因为秦始皇听取了李斯的建议，所以不仅留住了原有人才，而且吸引了其他国家的人才来投奔秦国。秦国的实力逐渐增强，为实现统一奠定了雄厚的物质基础。李斯见秦始皇善于纳谏，知错即改，实为明君，值得辅佐，也献计献策，为他统一天下而效力。这样，秦国君臣上下同欲，一心一意发愤图强。10年之后，中国历史上第一个中央集权制的封建国家终于形成。

古往今来，成功的决策者都非常重视听取下属的意见。尤其在现代企业管理界，这种现象更为常见。卓有成效的决策者应该认真听取员工的建议和看法，积极采纳员工提出的合理化建议。员工参与管理会使工作计划和目标更加趋于合理，并且还会增强他们工作的积极性，提高工作效率。

◆ 坚持是非标准

决策必然需要和别人沟通，必然要落实到执行中去。一项决策获得成功，需要团队合作和支持，但是这并不意味着你要盲目从众。孔子说："众恶之，必察焉；众好之，必察焉。"（《卫灵公》）意即要坚持是非标准，而不可简单、盲目地从众。任何领导者都明白一个道理：群众的眼睛未必是雪亮的。经常的情况是，群众往往看不到长远利益而缺乏必要的战略眼光，所以决策者要重视别人的意见，更要有自己的主见。

决策就是做正确的事，所以决策必须坚持是非标准。坚持是非标准就是要坚持你的价值观，也就是说决策必须坚持做正确的事情。

下面这个故事告诉了我们坚持做正确的事情的重要性。

某一年冬天，美国发生了一起严重的矿难事故。一位神父在寒风中带领家属在矿井边祈祷。美国 CBS 电视台记者看到后想立即抓拍，但其照相机电池没电了。等电池换好后，这位记者恳请牧师："你再祈祷一次吧！我会请他们再唱一遍圣歌，全美国都会听到你的声音，都会感受到上帝的伟大。"

"问题是我已经祈祷过了呀，孩子。"神父说。

记者觉得他有点迂腐，于是重复道："我是 CBS 的电视记者，今晚 CBS 联播的 200 多个电视台会把你的声音传遍全美国。全国的观众都会聆听你的祈祷，与你一起乞求上帝拯救这些受难的矿工。"

"我知道，孩子，但我已经祈祷过了。对上帝的誓言，绝不可以再来一次。"

是啊，"对上帝的誓言，绝不可以再来一次"。我们的决策可以失败，但是我们不能丧失原则，不能放弃自己的价值观，更不能没有是非标准。决策一旦失去了道德准则的检验，就会变成利益的游戏。而只在意利益的企业，永远不可能基业长青。

任何决策都必然涉及利益诉求，而任何利益诉求背后都隐含着价值诉求。决策者必须站在企业的角度思考决策，而企业的目的是为了服务顾客，为社会提供有价值的产品。决策者任何一项决策，都必须接受企业价值观的检验。国内很多企业从创始到发展壮大不过20多年时间，企业文化和价值理念都在不断地完善中。作为决策者和管理者，就是要通过决策向企业内部以及社会传达企业的理念和价值观。任何一个失去原则的决策，都可能伤害企业的价值观。

下面这个故事，我们可以把它作为一个寓言。

美国曾做过一次人如何成功的调查，调查对象是50名公认的成功人士和50名在押的犯人。调查内容之一是：记忆里对自己影响最大的一件事是什么。有两个人的答案引起了调查者的重视，一名进入白宫的成功人士和一名重犯所填的竟然是同一件事：分苹果！

那名重犯写道，小时候，有一次看到妈妈端着一盘苹果走进来，他特别想要那个最大最红的苹果，但没敢说出口。结果弟弟抢先叫起来："我要最上面那个！"这时妈妈就弯下腰对弟弟说："做人应该谦虚点……"为了迎合妈妈，他说："那我要最小的那个……"妈妈马上对弟弟说："你看你哥哥多好啊！你应该向他学习！"接着，妈妈就把那个大苹果奖给了他。

这时，他开始明白："原来说谎能够带来利益！"

而那名白宫官员回忆道，小时候，有一次看见妈妈端着一盘苹果走来，他们几个兄弟姐妹都伸着手嚷嚷着要上面最大最红的那个苹果。妈妈就对他们说："你们都想要最大的，可最大的只有一个。这样吧，你们看咱们家院里有一块草坪，我把它分成三块。你们一人一块，最后谁把草坪修剪得最快最好，我就把这个最大的苹果奖给他！"结果那次，他得了第一。从此，他就意识到："原来勤奋就能换来利益！"

这个故事我们可以从不同的角度去理解。我们把分苹果理解为决策，那么故事中的母亲就是决策者，孩子都是决策者的下属。同样是分苹果，决策者的价值理念不同，对孩子的影响截然相反。这就告诫决策者，千万不要忽略决策过程中的价值问题：你的决策在向下属传达什么样的信息？是鼓励他们说谎还是激励他们努力争取利益呢？

所以，决策过程中必然包含是非标准，决策者用什么样的方式呈现其价值标准，就会对企业的发展形成什么样的影响。中国文化传统就很重视处理利和义的关系，"君子爱财，取之有道"，这里的"道"，就是决策中的是非标准。

李嘉诚是典型的儒商，其从商的价值理念和决策中的独特思维方式，可谓是中国文化在现代商人身上最有力的体现。

有一次，一名清洁工在扫李嘉诚的办公室时，不小心将一只非常昂贵的唐三彩打碎了，现场的秘书气得暴跳如雷，这名清洁工更是吓得体如筛糠。李嘉诚却没有大发雷霆，甚至没有对该名员工进行任何形式的处罚，而只是要求这名员工以后工作时一定要小心。事后，李嘉诚解释说："因为我知道他不是故意的。"在李嘉诚看来，是否故意是判断一种行为性质的重要标准。

李嘉诚旗下企业的员工忠诚度很高，因为他总是付给他们全香港最高的薪酬，是为"高薪养廉"。那么，如此宽厚、如此大方的李嘉诚有没有炒过员工的鱿鱼呢？"有。"李嘉诚斩钉截铁地说，"有一次我炒掉了一名高管人员，因为他将几支公司的铅笔拿回了家。我认为他的行为与公司付给他的报酬是不相匹配的。"

在李嘉诚看来，德为先，利次之。决策者作任何决策，都首先要把德作为评价标准。因此，清洁工虽然打碎了昂贵的唐三彩，却没必要处罚他；高管虽然只拿了几支铅笔，却违背了职业道德。他作决策的焦点都不是利，而是一个人的德。

由此可见，对于决策者而言，决策过程中必须有是非标准，必须以德为先，以人为本，而不是只强调利益。国内很多企业的决策者都必须仔细反思这一问题。因为我们所见到的往往是利益高于一切，决策完全倾向利益，资本玩转一切，这都是非常危险的误区。

◆ 决策需要转化为行动

决策需要行动，决策更依赖于行动。没有行动的决策只能是一种想法，不能借助于行动的决策等于没有决策。在我们的管理生涯中，有多少决策胎死腹中，有多少决策无疾而终，有多少决策不了了之，有多少决策痛失良机？有多少决策夭折在我们的争论中，有多少决策消磨在我们的等待中，有多少决策葬送在我们的迟疑中……

有了决策就马上去执行，有了决策就马上去行动，决策必须转化为行动，因为只有行动可以证明决策的价值。

美国麦当劳创始人雷蒙·克罗克的行为准则是"一旦决定了就赶快行动"，他的创业历程充分证明了这一理念。

1954 年的一天，克罗克驾车去一个叫圣贝纳迪诺的城市。他看到许多人在一个简陋的麦当劳餐馆排队，他也停车排在后面。

人们买了满袋的汉堡包，纷纷满足地笑着回到自己的汽车里。克罗克上前看个究竟，原来该餐馆是经销汉堡包和炸薯条的快餐店，生意非常红火。

此时，克罗克已经 52 岁了，还没有自己的事业，他一直在寻找自己事业的突破口。他发现，快节奏的生活方式就要到来，这种快餐的经营方式代表着时代的发展方向，大有可为。于是他毅然决定经营快餐店，他向经营这家快餐店的麦当劳兄弟买下了汉堡包摊子和汉堡、炸薯条的专利权。

克罗克搞快餐业的决策遭到家人及朋友的一致反对，他们说："你疯了，都 50 多岁了还去冒这个险。"

然而，克罗克一旦决定就毫不退缩。在他看来，决定大事，应该考虑周全；可一旦决定了，就要一往无前，赶快行动。行与不行，结果会说明一切，最重要的是要有行动。

克罗克马上投资筹建他的第一家麦当劳快餐店。经过几十年的发展，克罗克取得了巨大的成功，人们把他与名震一时的石油大王洛克菲勒、汽车大王福特、钢铁大王卡内基相提并论。

倘若克罗克在亲友的劝说下，放弃了他的决策，我们今日怎么可能见识到辉煌的麦当劳帝国呢？这个世界并不缺少好点子，唯独缺少行动。克罗克的创业历程告诉我们，如果你相信你的决策，那就马上去行动，等待只会丧失机遇，而犹豫则会失去勇气！

行动就要坚持，就要百折不挠，就要不畏艰险，就要勇往直前！比尔·盖茨一再要求他的下属，行动必须快速，要像圣战一样去工作！如果说决策需要理性地面对，那么实现决策的行动就需要激情去点燃！

科学家们曾做过这样一个实验：

在只有窗户打开的半密闭的房间里，将 6 只蜜蜂和同样数目的苍蝇装进一个玻璃瓶中，把瓶子平放在桌上，瓶底朝着窗户。

然后，他们观察蜜蜂和苍蝇会有什么样的举动。

科学家们发现，蜜蜂们会不紧不慢地在瓶底徘徊，苍蝇们却在瓶中横冲直撞，在瓶中的飞行速度也明显高于蜜蜂。不到两分钟，它们便穿过另一端的瓶颈逃逸一空。

而蜜蜂们以为，囚室的出口必然在光线最明亮的地方，所以只要飞向那里就一定会找到出口。于是，它们不紧不慢地行动着，然而等待它们的结果却是死亡。苍蝇们成功地逃离了，这并不在于它们有什么特长，也不在于它们的智商水平高低。关键在于它们敢于不断地横冲直撞，在于它们懂得快速行动以求得生存。

行动才能出结果，要想取得成功，就必须付出行动，而且还必须要在第一时间付出行动。成功不能靠等待得来，而生命也不应该仅仅只是一个计划。蜜蜂之所以得到以生命为代价的死亡结局，完全是因为它没有立即行动而一味地拖延。

美国独立战争期间，驻扎在特伦顿的雇佣军总指挥拉尔总督正在打牌时收到一份情报，情报的内容是说华盛顿的军队正在穿越德勒华，要向这里进攻。但他没有看就随手把信塞到口袋里，直到牌打完了才拿出来看。结果，等他仓促地把队伍集合起来时为时已晚，最后他全军覆没。"拖延带来致命的危险后果"，仅仅几分钟的耽搁便使他丧失了尊严、自由和生命！

埃克森·美孚石油公司是全球利润最高的公司之一，非常重要的一点是它拥有一支绝不拖延的员工队伍。这再一次告诉我们：克服拖延的毛病，培养一种简捷、高效的工作风格，可以使公司的绩效迅速提升，并使每一位员工的工作乃至生命都更富有价值。

有一次，李·雷蒙德和他的一位副手到公司各部门巡视工作。到达休斯敦一个区加油站的时候，已经是下午3点了。但李·雷蒙德却看见油价告示牌上公布的还是昨天的数字，并没有按照总部指令将油价下调5美分/加仑进行公布。他十分恼火。李·雷蒙德立即让助手找来了加油站的主管约翰逊。

远远地望见这位主管，他就指着报价牌大声说道"先生，你大概还熟睡在昨天的梦里吧！要知道，你的拖延已经给我们公司的信誉造成很大损失，因为我们收取的单价比我们公布的单价高出了5美分。我们的客户完全可以在休斯敦的很多场合贬损我们的管理水平，并使我们的公司被传为笑柄。"

意识到问题的严重性，约翰逊连忙说道："是的，我立刻去办。"

看见告示牌上的油价得到更正以后，李·雷蒙德面带微笑说："如果我告诉你，你腰间的皮带断了，而你却不立刻去更换它或者修理它，那么，当众出丑的只有你自己。这是与我们竞争财富排行榜第一把交椅的沃尔玛商店的信条，你应该要记住。"

然后，李·雷蒙德和助手一起离开了加油站。从此之后，那位主管约翰逊做事再也没有拖拖拉拉了。

其实，没有人能阻挡我们去实现梦想，关键在于马上行动、坚持行动的毅力。

◆ 一定不要做不必要的决策

我们了解了决策的可行性后，还必须明确决策是否具有必要性。任何决策都有风险，决策者要避免做不必要的决策。所以，首先要区分必要的决策和不必要的决策。

决策者遇到以下三类情况时，需要注意是必要的决策还是不必要的决策。

（1）决策者不需要采取任何行动，事情也会正常地发展下去。如果决策者采取行动，那就属于不必要的决策。对于决策者而言，这类问题没有风险，但需要关注。

（2）如果决策者不采取行动，情况就会恶化，决策者必须做出有效的决策。这种决策就属于必要的决策。这类问题，决策会存在很大的风险，但不决策风险更大。

（3）如果决策者不采取行动，企业能够生存下去；如果决策者采取行动，企业的绩效就会改善。对于这类问题，决策者必须有明确的态度：是采取行动还是不采取行动。如果经过权衡，收益远甚于风险和成本，那就必须采取行动。

显然，第三类情况是我们经常遇到的，也最能体现决策者的决策水平。决策者必须仔细分析决策风险，必须有计划地推行决策。任何一项决策，即使是正确的，如果方法不对，也可能无法推行，从而变成不必要的决策。

M公司是一家在业界享有盛誉的高科技公司。公司的核心技术处于世界领先地位，公司的技术人员也以此为豪。公司成立之初主要以技术研发为主，创始人对公司的定位就是做世界领先的研发中心。公司经营几年来，核心技术虽然保持了领先优势，但由于产品不能市场化，所以一直不赢利。很多风险投资公司很看好M公司的发展前景，他们都想给这家公司投资，希望其产品逐步市场化。

为了适应市场需求，尽快融资，M公司的决策者决定开发设计市场化的产品。因此，公司做出决策，要求技术人员必须马上转变思路，研发有市场前景的产品，而不是只追求前沿技术。但是技术人员都希望保持自身的技术优势，他们认为开发大众化产品的技术含量不高，自身也不能提高技术，所以对公司的此项决策有抵触情绪。结果，人力资源部门和技术部门的沟通陷入僵局。公司高层最终无奈地表示，如果不能转变，就不能再在公司任职。最终，由于双方无法达成共识，M 公司的骨干技术人员纷纷离职，加盟了别的公司。人才流失导致 M公司无以为继，不仅不能获得投资公司的资金，还使公司自身陷入了破产境地。

　　这是一个典型的不必要决策的案例。决策者没有从企业自身优势出发，只是看到自身缺点，盲目做出决策，结果造成了人才流失。决策者或许根本就没有意识到他所做的选择实际上只是一项不必要的决策。很多决策者总希望当机立断，快刀斩乱麻地解决问题，但是在很多情况下，决策必须经过严格论证，企业才会获得最大利益。案例中的 M 公司如果把开发市场化的产品理念逐步渗透给员工，逐步贯彻下去，使员工有一个接受的过程，那么结果就不会走向反面。

　　决策者必须要作必要的决策。不必要的决策浪费决策者的时间和资源，而且可能会带来严重的后果。一方面，它会浪费企业的资源，降低企业的绩效；另一方面，它会使决策者失去追随者，大大降低决策者的公信力。决策者不是要听取所有的意见，不是要对所有的情况做出反应。那样的话，决策者就会被各种无穷无尽且没有意义的决策所淹没。决策者必须专注于必要的而且重大的决策，从而使下属明白，企业的决策是深思熟虑并需要持之以恒的。

第六章　有效管理：结果决定一切

　　良好的企业管理，必然是有效的管理。有效的管理必须区分清楚有效和有效率以及做正确的事和正确地做事。有效管理是一种结果导向型的管理。绩效是有效管理的根本，结果说明一切，结果决定一切。

◆ 绩效第一

　　德鲁克管理思想中极其重要的一点就是有效管理，作为管理者必须深入领会其思想实质。有效管理的中心问题是绩效，有效管理要求管理者追求管理的成果，是一种结果导向型的管理理念。然而遗憾的是，相当多的管理者并不能意识到有效和有效率的区别。有效追求的是管理的成果，是组织做出了什么、达到了什么样的目标；有效率追求的是手段，是过程，是速度，是实现目标的方法。所以有效率并不见得有效，而最有效的管理却是高效率地完成高质量的成果。

　　绩效是有效管理的根本，即使最好的战略、最优秀的团队、最完美无缺的计划，如果没有绩效产出，那么一切也都是空谈。绩效是组织期望得到的结果，是组织实现其目标而展现在不同层面上的有效输出，它包括个人绩效和组织绩效两个方面。组织绩效建立在个人绩效实现的基础上，但个人绩效的实现并不能保证组织绩效的实现。组织的绩效被层层分解到每一个工作岗位以及每一个人的时候，只要每一个人都达到组织的要求，组织的绩效就实现了。但是如果组织战略有失误，那就可能造成个人绩效目标的实现而组织绩效的失败。

　　对于任何一个企业而言，都必须把注意力集中在绩效上，因为结果说明一切，结果决定一切。企业要建立绩效精神，绩效精神的第一要求就是建立高绩效标准。无论是企业还是个人，为达到绩效标准，都必须坚持不懈地努力。韦尔奇曾经在通用实施"数一数二"战略：一项事业若无法成为市场上的第一名或第二名，就应该卖掉；而企业每年应该淘汰绩效表现落在最后的10%的员工。这些做法不仅让通用成为20年来全球最具竞争力的企业，而且促使全球企业争相仿效。为什么通用作为一个巨无霸企业，还能辗转腾挪，像小企业一样决策和行动呢？关键就在于通用建立了完善的绩效标准，这一标准激发了组织和个人无穷的创造力。古人云："取法于上，仅得其中。"只有确立高绩效标准，才可能实现高成效，才可能超越过去，超越现在。

绩效精神的第二要求就是最优化法则。高绩效标准需要高效率地完成，实现高绩效的有效方法就是最优化选择，即管理者及下属必须确定自己所做的是自己必须做的，也是最需要自己做的、最能体现自身价值的事情。

艾维是一位管理咨询专家，在1904年他走访伯利恒钢铁公司总裁施瓦布时说："尊敬的施瓦布先生，我有个主意会帮助您提高工作效率。由于今天我主动上门，因此，你可以在感到有价值后再确定给我多少报酬。"

施瓦布说："听起来好像我不吃亏！您的主意是什么？"

"其实很简单，从每天开始，请您按顺序列出今天你必须做的六件最重要的事，然后开始进行1号事情，同时不要考虑其他事情，直到你完成为止，然后你需要重新评估其他五件事以确定其重要性是否发生了变化。接着，着手2号事情，完成之后，继续评估……依次进行。这样如果一天结束时，你没有全部完成6件事也没关系，因为即使采取其他办法，你也无法完成它们，而且你已经做到了最需要你做的事情！即使一天过去，你连一件事都没有做完也没关系，因为，你仍然在做最需要你做的事情。"

施瓦布半信半疑地向他道谢14个月后，艾维收到了他寄来的2.5

万美元的支票，并且附言："非常感谢您，您的建议是我整个一年里获得的最重要的主意！"

施瓦布之所以主动给艾维支付报酬，是因为艾维的方法迅速提高了他的绩效。管理者通常了解很多提高效率的方法，但却很少找到提高绩效的方法。艾维的方法就非常值得学习。这种最优化方法告诉管理者：要实现高绩效，就必须改善工作方法。任何人都明白要做重要的事，但更重要的是你必须确定做最需要你做的事。很多事很重要，但是别人可以替代你，此时你就应该授权于人。高绩效必须最大限度地发挥个人能力，因为卓有成效的管理者都在做不可替代的工作。

管理者追求高绩效，并不是不重视效率，而是在注重结果的同时提高效率。官僚化是严重影响绩效提高的因素。20世纪80年代以来，世界500强企业中有1/3黯然退出，他们失败的原因大多与官僚化有关。很多企业通过改革走出了困境，比如IBM、三星等。所以，决策者和管理者必须适时进行变革，提高组织绩效能力。

20世纪70年代，世界汽车市场疲软不堪，此时又发生了汽车经济危机。通货膨胀导致物价上涨，公司经营困难重重，菲拉特公司步入历史上最困难的时期。公司不仅连年亏损，汽车的市场占有率也直线下降。当时有人说："最好丢掉汽车公司这个沉重的包袱。"语出惊人之余，公司上下一片恐慌，大家都不知道自己什么时候会被公司抛弃。

危难时刻，阿涅利任命年轻的维托雷·吉德拉出任菲拉特汽车公司总经理。许多人对他充满了期望，拭目以待。

吉德拉表现得似乎很平凡。他总是微笑着与员工们谈话，了解情况。每次，他都会将一些问题记录在自己的小本子上。不久，他的笔记本就剩下最后一页了。

一个星期天的早晨，吉德拉主持召开了一次会议："现在，公司的境况非常糟糕！身为一位菲拉特的老员工，我深感不安。今天，我希望大家告诉我，问题到底出在哪里？"

时间似乎凝滞了一般，没有人情愿说出自己的心里话。

随后，吉德拉便宣布："散会！"

大家都木然地离开会场。此时，会场中只剩下吉德拉一个人。想起那些人毫无表情的面孔，吉德拉却爽朗地笑了。原来他的目的已经达到了一半！

几天后，他又主持召开第二次全体会议。这次他提出了自己的见解："我们要进行彻底的机构调整，希望你们有必要的心理准备与承受能力。现在公司中存在的最严重问题是官僚化、组织机构重叠、效率低下、企业没有活力……"

会场上依然鸦雀无声，因此，吉德拉开始顺利地推行自己的改革计划。

吉德拉以雷霆手段开始改革，他首先关闭了国内的几家汽车分厂，解雇了 1/3 的员工，并且将海外一些效率低下的机构撤销。同时，公司还停止向北美销售汽车……这一系列举动都旨在提高效率。

吉德拉的"精简高效"在执行过程中遇到了强大的阻力。菲拉特公司曾经被称为"解决就业的典范"，由于此次进行大幅裁员，所以引起了社会各界的指责。吉德拉为此承受了巨大的精神与舆论压力。

然而，吉德拉并不气馁，他开始对企业的生产线进行改造：淘汰那些生产效率低下、技术落后的生产线，大量采用新工艺、新技术，从而极大地提高了生产率，增强了产品的竞争力。菲拉特公司开始出现欣欣向荣的局面。

同时，他对于销售层面的改革也紧锣密鼓地展开了。从前，菲拉特不需要经销商支付任何预付金，并且当经销商将汽车销售完之后，公司也不急于要求他们回款，这严重地影响了公司的资金周转速度。为此，吉德拉做出新的规定：凡是经销菲拉特公司汽车的经销商，必须在出售汽车之前垫付一定的金额，否则不予供货。这项规定生效后，有近 1 / 3 的经销商退出了代理。然而这并没有影响公司的市场份额，大多数代理商对公司改革表示支持。

吉德拉为什么会成功？因为他找到了菲拉特公司严重亏损的症结所在。他提高绩效的办法就是充分了解情况，然后有步骤、有方法地改革。管理者不要迷信拯救企业的高深方法，提高绩效的方法永远要从企业自身去寻找，改变首先要从自身出发。管理者必须掌握独特的方式方法，才能最大化地提高绩效。

◆ 建立完善的绩效评估体系

高绩效必然涉及责任、时间期限以及最终的成果评价。管理学大师德鲁克认为，必须有效地评估成果，没有评估就没有好成果。管理者不应该只看到表象，而要关注组织以及他人如何实现绩效。企业必须建立完善的绩效评估体系。

我们以通用公司和科龙公司为例，来分析如何进行绩效评估。

通用公司有一套完善的绩效评估体系，其中最重要的评估内容有四方面。

1. 过程评估与年终评估

评估是为了激励员工，所以要及时给予信息反馈，员工表现好时要及时表扬，员工表现不好时要及时提醒。年终评估时，所有的评价都是根据平时的表现，这不仅有说服力，而且人力资源部的工作也不繁杂，因为全年不断地积累素材，结果自然水到渠成。

2. 评估软性因素

价值观等软性因素的评估也不好量化，通用公司解决这一难题的有效方法是把工作放在事前。凡是加入通用公司的员工，首先被告知的是通用公司价值观的内容，然后会有与价值观有关的各种培训，员工对价值观的感悟会不断地得到强化。培训不是叫员工背诵价值观的内容，而是用发生在公司的事实行为来说明价值观对公司的重要意义。

3. 评估结果密切联系个人

评估的结果与员工的薪酬、培训、晋升、工作调动等密切挂钩，同时评估也是为了提高和完善员工自身素质。公司会尽可能满足员工的愿望。

4. 360 度评估

360 度评估是为了有效促进管理者和员工评估自我发展、自我提高，作评价的是上级、下级、同事、客户。由被评估者自己在这些人中各选择几个人来做评价，对于考核的结果由专业机构来分析，这样可以保证结果的客观性与科学性。在这种评估中，公司不用担心员工因在选择评估者时只选择与他关系好的人而导致评估结果的失真，因为这种评估是为了员工自我管理，是为了帮其发现自身的不足。

通用公司的评估方法侧重过程和软性因素，其评估的特点在于全面提高管理者和员工的能力，追求评估的实用性。而科龙公司的评估方法则相对系统、具体。

科龙公司的绩效评估采取自上而下的方式，分为三个层面。

1. 高层绩效评估

其主要指季度考评。在每个季度结束后，各部部长（业务部门叫总监）都要填写一份《科龙干部绩效季度评估表》。表中内容主要有四部分：季度业绩回顾、综合素质评价、综合得分和评语。填写时，先由部长对上述四部分内容一一做出自我评价，然后再由其直接领导（总裁或副总裁）对上述内容做出评价，最后由领导填写评语。

2. 中层绩效评估

这是绩效评估工作的重点和难点。不同的部门职责不同，而且涉及人数和范围很广，有时还会有交叉考核或共同考核的情形。比如，在全国的 30 个分公司中，冰箱分公司经理和业务代表由冰箱营销本部考核，而分公司的财务经理则同时由财务部和冰箱营销本部协调考核。

各部门对科室或分公司进行绩效评估的频率大致是每月 1 次。而每季度、每半年和每年的绩效评估，也会与当月的月度评估同时进行。但各部门评估方法和评估指标差别很大。以市场研究部为例：

月底，市场研究部根据月初确定的工作计划对各个科室的各项工作进行一一检查，然后按照各项工作的质量、效率、工作量等指标逐项评分，最后根据评分数据产生每月、每季、每年的明星科室、金牌科长、需改进者（后进员工）。该项工作由该部门自行开发的电脑软件和模板自动执行，可以在任一时刻查询任一科室和人员的绩效动态。

3. 基层绩效评估

对具体员工的绩效考核频度，一般也是每月一次，但评估指标较简单，它只对与其职责相关的指标负责。在总部，这项评估工作的执行者就是科长；而在分公司，执行者则是分公司经理。

但在实际执行中，不但绩效评估指标经常处于动态变化之中，而且各种绩效评估的方法也会交叉或同时使用。另外，公司还会采取其他一些评估手段，比如"360度评估法"。

根据每月、每季、每半年及每年的绩效评估结果，科龙各级管理层都会以正式的书面报告来公布评估结果。在绩效评估报告里，结果与相应的奖惩举措相伴随。

对于团队中表现最好的20%和最差的10%，则通过绩效面谈的方式来沟通。通过绩效面谈，使优秀者继续保持其优秀的绩效，并为其进一步发展提供指导；对于表现不佳的员工，进行提醒、分析、指导或警告。

对于那些绩效表现变化显著的员工，管理者也对其进行绩效面谈，以便更加准确地了解变化的原因，从而采取针对性的举措。

一般而言，管理者在进行绩效评估时，往往只重视评估的部分，而忽视了指导的部分，实际上，绩效评估具有两个重要职能：一是评估，即总结员工过去的表现，以做出具体的评价，决定是否应给予适当的报酬，例如调薪或是职务的升迁等；二是指导，针对员工未来的发展，主管必须提供必要的协助与咨询，例如，哪些地方需要改进，员工的专长有没有获得全面发挥，员工未来在组织内的发展等。

企业只有建立完善的评估体系，才能有效地提高企业的绩效能力。我国很多企业都在积极探索各种评估方法，但也存在很多误区。

1. 误区一：过度量化

量化管理是手段，手段是为了实现高绩效。企业管理中的很多因素无法评估，比如软性的价值观、理念等。很多企业迷信于绝对的量化，反而失去了量化的意义。管理是对人的管理，完全的量化会把人物化、工具化，从而迷失管理的真正目的。管理是为了有效，而不是有效率。纯粹的量化简化了管理，却扼杀了管理的灵魂。

2. 误区二：指标过细

企业的评估指标是为了使考评有所依据。企业职能部门利用自身最擅长的专业知识和技能，精心设计出远远偏离企业目标的个性化指标体系，最终只会导致企业的目标缺失、发散。繁复的指标会使企业迷失方向，在这种指标体系中工作，越是正确地做事，越会偏离企业目标。

3. 误区三：指标过全

缺少针对性的评估体系不如没有指标。二八法则揭示：对事物总体结果起决定性影响的只是少量的关键要素。管理者必须善于抓大放小，只要抓住属于关键的较少部分指标，就足以统揽全局。检验指标设计的水准，主要看指标是否提高了绩效、是否有效。

4. 误区四：片面重视财务指标

许多企业追求单一的财务指标，其实财务指标反映的只是过去的结果，管理者更应面向未来。利润不是企业最重要的目标，客户才是企业生存和发展的根本。对客户资源进行有效管理才是绩效管理的归宿，任何一种高绩效都必须通过客户才能实现。

◆ 树立"高级管理者"风范

企业的目的是为了创造顾客，企业必须将自身的目的和使命转化为目标。每一个管理者都需要深入反思、谨慎用权、合理用权，都必须树立"高级管理者"风范。那些只注重过程不重视结果、只注重权力不重视业绩的管理者都是企业的配角，因为他们的行为说明他们不能站在企业的高度，为企业的整体业绩负责。相反，那些注重贡献、对绩效负责的人，无论其职位多低，他们都是企业的主角，因为他们能从企业的角度出发，能对企业的整体业绩负责，他们才是真正意义上的"高级管理者"。

任何管理者的职权都是其工作授予的。因此，管理者必须对结果负责，必须对企业的整体运营负责，因为他所拥有的权力必须匹配相应的责任。那些能为企业使命而努力、能以结果为导向、重视管理成果的有效性并为自己所有的决策负责的人，是真正的管理者，也是"高级管理者"。

管理者的责任不仅是一种职位的需要，更是作为组织成员必须具备的道德需要。那些只图索取不求回报、只重利益不重业绩的管理者，在企业管理过程中，不能勇于承担责任，而是推卸、扯皮，他们或者应该被调离岗位，或者该被清除出组织。

有一家造纸厂，由于厂房地势较低，容易被水淹没。有一年夏天，老总出差到北京办事，出差之前他叮嘱几位主要负责人："时刻注意天气，注意防洪。"

这天晚上，远在北京的老总给几位负责人打电话，因为他看到天气预报说有雨，担心厂房被淹。当时，厂房所在地已开始下雨，但老板一连打了几个电话都打不通，最后他打到了财务经理的家里，让他立即到公司查看一下。

财务经理满口答应："嗯，我马上处理，请放心！"接完电话，他并没有到公司去。他心想：这事是安全部的事情，不该我这个财务经理去处理，何况我的家离公司还有好长一段路，去一趟多费事！于是，他给安全部经理打了一个电话，提醒他注意天气，去公司看一下。

安全部经理很不高兴，心想："我们安全部的事情，你们财务部瞎管什么？"他也没有去公司。当时他正在打麻将，心里说："反正有安全科长在，不用我管。"于是他就沉浸在打麻将中，不亦乐乎。

安全科长就更不用说了，他知道下雨了，并且清楚下雨意味着什么，但他心里想有好几个保安在厂里，用不着他操心。当时，他正在陪朋友喝酒，甚至关了手机。

那几个保安的确坚守岗位，但是，用于防洪抽水的几台抽水机没有柴油了，他们打电话给安全科长，科长的电话却关机。他们没有再打，也没有采取其他措施，早早地睡觉去了。值班保安想，应该不会有什么事，于是他也呼呼大睡。

半夜时，雨突然下大了，值班保安被雷声吵醒时，水已经漫到床边！他立即给消防队打电话。

消防队虽然及时赶来，但由于发现时为时已晚，6个车间还是被淹没了5个，数十吨成品、半成品和原辅材料被泡在水中，损失惨重。

事后，老总要追究责任，每一个人都说自己没有责任。

财务经理说："这不是我的责任，而且我通知了安全部经理。"

安全部经理说："这不怪我，这是安全科长的责任。"

安全科长说："那些保安不该睡觉。"

保安说："本可以不发生这样的险情，但抽水机没有柴油了，是行政部的责任，他们没有及时买回柴油来。"

行政部经理说："这个月费用预算超支了，我没办法。应该追究财务部责任，他们把预算定得太死。"

财务部经理又说："控制开支是我们的职责，我们何错之有？"

老板听后勃然大怒："你们每个人都没有责任，那就是老天爷的责任了！我并不是要你们赔偿损失，我要的是你们的态度，要的是你们承担责任的勇气，要的是你们对这件事情的反思，要的是不再发生同样的灾难，可你们却只会扯皮！"

除了老板，这个企业中的每个管理者都在推卸责任，谁都不认为自己应该为厂区水淹造成的损失负责。他们都不是合格的管理者，更谈不上是"高级管理者"。"高级管理者"必须能够认识到自己的责任，必须有责任意识，必须注重贡献，而不是抱怨。

有个年轻人在上海打工。一开始，他和公司其他的业务员一样，拿很低的底薪和很不稳定的提成，每天的工作都异常辛苦。当拿着几个月的工资回到家，他对父亲抱怨说："公司老板太抠门了，给我们这么低的工资。"慈祥的父亲并没有问工资具体是多少，而是问他："你为公司创造了多少财富？你拿到的与你给公司创造的是不是相符？"他没有回答父亲的问题，但从此再也没有抱怨过老板。有时，他甚至感觉自己这个月的业绩太差，对不起公司给的工资，所以会更加勤奋地工作。两年后，他被提升为公司主管业务的副总经理，工资待遇提高了很多，但他时常考虑的仍然是："今年我为公司创造了多少财富？"

有一天，他手下的几个业务员向他抱怨："这个月在外面风吹日晒，吃不好，睡不好，辛辛苦苦，大老板才给我 1000 元！你能不能跟大老板提一提，增加一些工资。"他对业务员说："我知道你们吃了不少苦，应该得到回报。可你们想过没有，你们这个月每人给公司只赚了 1500 元，公司却给了你们 1000 元，所以公司得到的并不比你们多。"业务员都沉默了。此后，他手下的业务员业绩都很优秀，他也被老总提拔为常务副总经理，这时他才 27 岁。他去人才市场招聘时，凡是抱怨以前的老板没有水平，给的待遇太低的人一律不招。他说："持这种心态的人，不懂得承担责任，更不懂得反思自己，只会抱怨别人。"

◆ 将员工的优势转化为绩效

自我管理必须充分依靠自我优势。同理，我们可以进行思维迁移。作为管理者，也必须重视员工的优势，并将员工的优势转化为绩效。

企业的绩效只能依靠其员工来完成，管理者应该善于将下属的优势转化为绩效。将下属的优势转化为绩效，就必须充分利用其优势，并使其优势充分发挥作用，产生最优化的绩效。但管理者同时也要关注下属的劣势，因为，优势和劣势可以辩证转化。高明的管理者总能充分利用下属的智慧和潜能，使其在任何职位上都能产生优秀的绩效。

这是在日本很有名的一个故事：

有个小男孩在一次车祸中失去了左臂，但是他很想学柔道。

几经周折，小男孩终于拜了一位日本柔道大师做师傅，开始学习柔道。他学得不错，可是练习了 3 个月，师傅只教他一招。小男孩有些疑惑不解。

他着急地问师傅："我是不是应该再学点其他招数？"

师傅却说："不错，你的确只会一招，但你只需要学会这一招就够了。"

小男孩并不明白，但他很信任师傅，于是就继续练习了下去。

几个月后，师傅第1次带小男孩去参加比赛，小男孩自己都没有想到居然轻轻松松地赢得了前两轮。第三轮稍稍有点艰难，但对手还是很快就变得有些急躁，连连进攻。小男孩敏捷地施展出自己的那一招，又赢了。就这样，小男孩稀里糊涂地进入了决赛。

决赛的对手比小男孩高大、强壮，而且很有经验。有时小男孩显得有点招架不住了，裁判担心小男孩会受伤，便叫暂停，还打算就此终止比赛。然而师傅不答应，他坚持说："继续下去！"

比赛重新开始后，对手放松了戒备。小男孩立刻使出他的那一招制服了对手，由此赢得了比赛，获得了冠军。

回家的路上，小男孩鼓起勇气说出了心里的疑问："师傅，我怎么凭一招就赢得了冠军？"

师傅答道："有两个原因：第一，你掌握了柔道中最难的一招；第二，对付这一招唯一的办法是对手抓住你的左臂。"

小男孩失去了左臂，却因此而战胜了对手，他的身体劣势转化为了比赛中的优势。管理者要向小男孩的师傅学习，善于分析形势，并深刻洞悉下属适合从事什么样的工作。管理者只有充分了解下属，才能充分调动其潜能。

管理者了解员工，才能用其所长。管理者更要善于选人、用人，因为任何人才都是依靠其优势成为人才的，人才必定是充分发挥其优势的人，优秀的人才能产生最优化的绩效。所以，管理者必须注重人才、善用人才。

美国的钢铁大王卡内基的墓碑上刻着："一位知道选用比他本人能力更强的人来为他工作的人安息在此。"卡内基之所以成为钢铁大王，并非由于他本人有什么了不起的能力，而是因为他善于用人之长。他说："把我的厂房、机器、资金全都拿走，只要留下我的人，4 年以后我还是钢铁大王。"这已成为世人皆知的名言。

汉高祖刘邦，不过是一个草莽英雄，却能推翻强秦，建立汉王朝。在谈到自己的成就时，他说："在谋略计划方面，我不如张良；在治理国家、管理百姓、筹集粮饷方面，我不及萧何；在统帅百万军队、攻城占地方面，我不如韩信。这 3 人均为人才中的人才，而我能用之，就是我取得胜利的原因。"

贝尔是电话的发明人，还是美国当代著名大公司贝尔电话电报公司的创始人。贝尔的成功也在于他敢用比自己强的人。他深知自己在经营管理方面并非强手，1879 年 7 月 1 日，他聘请西奥多·维尔出任贝尔公司的总经理。维尔的经营管理非常出色，仅说用人方面，他认为：要达到自己的目标，必须争取群众；公司能否稳定发展，关键在接班人和领导层的素质上。他把精力放在对属下的训练和培养上，只在制订战略决策时才插手，其他的就放手让别人去干。他心胸宽广，从不计较个人的名利，对反对过他的人也总是宽厚相待。他不摆架子，总能认真地听取别人的意见，鼓励下属提出不同意见。在维尔的出色领导下，贝尔公司起死回生；打败了西部联合公司，资本由 1878 年的 85 万美元增长为 1885 年的 6000 万美元。如果不用维尔这样的强手，贝尔公司的命运也许就是另一种情况了。

英国有个政治学家叫帕金森。他写了一本名叫《官场病》的书，其中谈到官场上有一种通病："自上而下奉行的是'能级递减'，一流的找二流的当部属，二流的找三流的做下级，愚蠢的下属多多益善，精明的对手往往被拒之门外。"后来，这种病就被叫作"帕金森病"。为什么要找比自己差的人呢？因为这样的下属往往有一大优点，那就是"听话"。美国广告大王大卫·奥格威认为："成功的领导者要善于选用比自己能力强的下属。每个公司都像一个俄罗斯套娃，如果公司的老板是最能干的大娃娃，员工都是最小的娃娃，那么公司是毫无希望的。反过来，老板是最小的娃娃，每个员工都是能力最强的大娃娃，公司才会生机勃勃。"

高明的领导者深知，自己的才能不一定都高于下属，下属的才能往往会超过自己。领导要把事业做大、做好，必须有出色的下属的支持与帮助。失去了他们，领导也就失去了成功的保证。卡内基之所以成为钢铁大王，就在于他把最优秀的人才都云集在了自己的手下，为他卖力工作。刘邦之所以能成大事，也在于他能用他人之长补己之短，让我们感受到封建开明君主的明智。在今天激烈的市场竞争中，领导的能力再出色，但如果孤军奋战，失败也不可避免。用比自己强的人是领导者拉拢人才的重要原则。相反，嫉贤妒能只会导致高端人才的流失。如果你希望自己的部下能够各尽其才，就必须勇敢起用他们，这样才能用他们的才智为你成就辉煌的事业。

◆ 管理者要运用好奖惩制度

在组织内部，所有成员的行为处事都必须以奖惩制度为标准，都必须遵守规则，因为一个企业内在的价值观需要用外在的手段来执行和落实。而且，只有运用好奖惩制度，才能使组织内的所有成员都认真工作、提高绩效。

管理者要重视奖惩制度的运用，奖励是为了激励先进，惩罚则是为了鞭策后进。管理者不要仅仅把奖惩制度看作是管理员工的手段，而要看做一种激励机制。运用好奖惩制度，可以有效地规避管理过程中的一些风险，使企业成为有战斗力的团队。

运用好奖惩制度，首先要使制度体现公平。任何人努力所取得的成果都必须和他所获得的收益相匹配，因此管理者要奖优罚劣，更要有公平的奖罚尺度。一旦丧失了公平的尺度，就会使不该奖的人得意忘形，使不该罚的人心灰意冷，而这对提高企业的整体绩效极其不利。

刘伟去年进入一家小有名气的合资企业。这家公司实行工资保密制度，一般情况下，员工之间相互都不知道彼此的收入。刘伟对这份工作很满意，一方面公司人际关系和谐、气氛轻松，工作虽累却很舒心；另一方面就是薪水也不错，底薪每月 3000 元，还有不固定的奖金。

刘伟一门心思扑在工作上，经常加班加点，有时还把工作带回家做，而且确实取得了显著成效。同事们都很佩服他，主管也很赏识他。

年终考核，人力资源主管对刘伟的工作予以高度评价，并告诉刘伟公司将给他加薪 15%。听到这个消息，刘伟非常高兴。这不仅是钱的问题，也是公司对他业绩的肯定。

而同年进入公司的王明却高兴不起来，因为他今年的业绩不好。午饭时两人聊了起来，王明唉声叹气地说："你今年可真不错，不像我这么倒霉，薪水都加不了，干来干去还是 3900 元，什么时候才有希望啊！"猛然间刘伟意识到，原来王明的底薪比他高 900 元。他对王明并没有意见，可是他想不通，即使不考虑业绩，两人同样的职务，王明的学历、能力都不比他强，为什么工资却比他高这么多呢？刘伟不仅感到不公平，而且有一种上当受骗的感觉：我一直以为自己的工资不低了，应该好好干，原来别人的工资都比我高。不久，刘伟辞职，离开了这家公司。

有些公司采取工资保密制度，但这并不代表奖惩制度就没有章法。上述案例中，真正努力的员工尽管被奖励了却产生被骗的感觉。这样的奖惩制度怎么会使员工认同企业的价值观和文化呢？而员工一旦对企业没有了向心力，又怎么可能努力提高绩效？其根本原因就在于该公司的奖惩制度缺乏标准，失去了公平，决策者和管理者应该引以为戒。

运用好奖惩制度，其次要注意惩前毖后，防患于未然。任何管理者的一项错误奖惩决策都会产生一连串误导作用。管理者在奖惩方面的错误就如同是在污染一条河的源头，这种自以为是的决策是最愚蠢的错误。

李华在某地一家国企工作。一次，他见车间的角钢不错，就偷偷地将车间的成品不锈钢角钢运回家中，自己打造了一个书柜。此事被公司发现后，车间主任碍于原来与其父亲关系较好，便要求李华做一份检讨完事。后来，角钢经常丢失的事件引起了主任的警觉，而且他发现偷盗的都是本车间员工。于是，他拟予以重罚整顿车间秩序。但待到实施时，人人都振振有词："为什么不罚李华，反而处罚我们？"车间主任无言以对。该车间后来因经济效益和材料浪费被企业通报批评。如果李华一开始就受到重罚，其他同事绝对会从中吸引教训并引以为戒。

上述案例中的管理者由于对员工的偷盗行为没有及时惩罚，结果导致其他人竞相效仿。后来管理者虽然想亡羊补牢，但却悔之晚矣。看来，奖惩制度具有鲜明的激励作用，管理者对奖惩规则的态度会对员工的工作产生一种暗示作用，这非常契合"破窗理论"。

美国斯坦福大学一位心理学家曾做过这样一项试验：他找来两辆一模一样的汽车，一辆停在贫民窟的街区，一辆停在中产阶级社区。他把停在贫民窟的那辆车的车牌摘掉，顶棚打开，结果一天之内车就被人偷走了。而摆在中产阶级社区的那一辆过了一个星期也安然无恙。于是，他用锤子把这辆车的玻璃敲了个大洞。结果，仅仅过了几个小时，车就不见了。

后来，政治学家威尔逊和犯罪学家凯琳依托这项试验，提出了一个"破窗理论"。这一理论认为：如果有人打坏了一个建筑物的窗户玻璃，而这扇窗户又未得到及时修理，别人就可能受到暗示性的纵容去打烂更多的窗户玻璃。久而久之，这些破窗户就会给人造成一种无序的感觉。而在这种公众麻木不仁的氛围中，犯罪就会滋生、蔓延。

"破窗理论"告诫管理者：必须及时修好"第一个被打碎的窗户玻璃"，必须防微杜渐，防患于未然。中国企业的人情化倾向非常严重，管理者不遵守规则的事比比皆是。他们管理不是依靠严格的制度，而是借助于人际远近亲疏。而一旦决策被人情的"破窗"损坏，就会产生恶劣的后果。所以，管理者要按照规则办事，运用奖惩制度，使人人都遵守规则，认真工作，努力创造高绩效。

运用好奖惩制度，还要注意针对性，要有明确的目标。否则，奖惩就不能发挥应有的作用。

有一家房地产公司的老总至今还没想明白一件事。原来，年初，公司在楼盘建设过程中提出一个粗略的激励措施：销售收入达到多少亿元之后，就奖励几百万元。结果，开盘后楼卖得特别好，远远超出了原来的销售目标。这下可难坏了老板，怎么办？开发公司说这是营销到位的结果，建筑公司说是自己拼命工作的结果，设计单位说是设计创新的结果，大家在会议上争得一塌糊涂。最后，公司决定平均分配。结果，大家皆大欢喜的同时，那些立下汗马功劳的营销功臣们却感到万分失望。为了进行一下特殊补偿，老板又拿出一部分钱进行单独的奖励，但是不少人拿到这份补偿后纷纷离职而去。

这位房地产老板老总很委屈，因为他不明白知道自己明明已经奖励了员工，为什么那些人还要走。其实，奖惩不是为了吃大锅饭，不应该平均分配。他奖了不该奖的，结果自然会导致不公平。实际上，很多人并不完全在意奖金，只是因为奖励意味着对员工工作能力的肯定，是其成就感的重要组成部分。而案例中的老总设置奖励前没有明确的奖励对象，奖励过程中又和稀泥。这使得那些真正为企业提高绩效的人感到受了侮辱，因为他们的成效和努力没有得到尊重。

◆ 追求完美是有效管理的最高境界

追求完美是人类的天性。如果人只满足于现状，而缺少追求完美的精神，人类的生活就会变得黯淡无光，人类的精神就会显得异常渺小。

管理者要使管理的有效性提高，就必须追求完美，因为追求完美是卓有成效的管理者的工作要求，追求完美是让结果说话。

追求完美，就是与时俱进、不断创新，就是没有最好，只有更好。一个完美的目标，可以提升每个人对品质的追求，使每个人做事变得认真并精益求精，因为每个人都在研究怎样把事情做得更完美。巴尔扎克有时一星期只写出一页稿子，但他的声誉却远非近代的那些"高产"的作家所能企及。狄更斯不到准备充分时，不肯在公众面前读他的作品。完美，尽管很多人难以企及，但却会使人们对事物的态度变得更加专注，因此我们要不断地接近完美，不断地创造完美。很多人对待工作苟且潦草，处理事情得过且过，这都不是一流的管理者应该做的。

追求完美是一种人生态度，是人对自身追求的限定。追求完美体现的是一种对结果负责的绩效精神。追求完美的人，一定希望自己的工作达到最佳效果，而且他也必将达到最佳效果，因为，没有什么可以阻挡其追求卓越。

有个叫梅杰尔的年轻人，因为家境贫穷没有读多少书。他到一家工厂做车间工人时，工友似乎个个都比他更有文化，更讨老板欢心。

然而时间一长，情形发生了变化。老板开始交给他一些不属于车间工人办的事情，比如去某客户那里送交一些资料，去某供应商那里联络一些原料。后来，老板甚至让他管理工厂的现金。很快，他学会了工厂经营管理的很多知识，成了老板身边的得力助手。

有一天，老板问他："你知道我为什么如此器重你吗？"

梅杰尔说不知道。

"因为你总是做得最好。你还在车间里的时候，虽然没人要求你，你却精益求精，你所生产的产品合格率远远超出了我的期望值。后来，我让你办其他事情，你做的也比其他人做得好。"老板说。

在企业里，常常有人这样说："我没有机会，老板不重视我。"然而，老板凭什么要重视你？老板重视你的前提应该是你用才能去引起他的重视。要做就做到最好，你做到了吗？

管理者应该明确追求完美是一种对工作负责的态度，是一种对结果负责的绩效精神，是一种希望实现最佳效果的目标精神。对工作的结果负责，不但表现为对企业的忠诚，而且表现在对工作的精益求精、对优秀与卓越的不断追求上。这种精神足以使我们变被动为主动，由平凡到卓越，化腐朽为神奇。

追求完美还体现出一个人不断追求进步的奋斗精神。只有追求进步的管理者才是有效的管理者。人的知识、思想观念、技术都会逐步老化，所以人必须学习，必须进步。

佩利兄弟姐妹比较多，家境困难。他高中毕业便不得不放弃上大学的机会，到一家百货公司打工，每周只赚3美元。但是，他不甘心就这样工作下去，所以每天都在工作中不断学习，想办法充实自己，努力改变自己工作的情况。

经过几个星期的仔细观察后，他注意到主管每天总要认真检查核对那些进口的商品账单。由于那些账单用的都是法文和德文，他便开始在每天上班的过程中仔细研究那些账单，并努力学习与这些商务有关的法文和德文。

有一天，主管十分疲惫和厌倦。看到这种情况，他就主动要求帮助主管检查。由于他干得非常出色，主管就把检查账单的工作交给了他。

两个月后，他被叫到一间办公室接受一个部门经理的面试。经理说："我在这个行业里干了4年，根据我的观察，你是唯一一个每天都在工作中要求自己不断进步、不断改变以适应工作要求的人。从这个公司成立开始，我一直在从事外贸这项工作，也一直想物色一个像你这样的助手。这项工作涉及面广，工作比较繁杂，需要很广博的知识以及很强的适应能力。我们选择你，是认为你是一个十分合格的人选，我们相信公司的选择没有错。"后来，尽管佩利对这项业务一窍不通，但是他凭着对工作不断钻研、学习的精神，一直使自己的能力在不断提高。半年后，他已经完全能胜任这项工作。一年后，他成为这个部门的经理。

追求完美也是成功企业的重要经验。德国企业对技术有种近乎疯狂的完美追求。德国斯图加特有家公司，为保证在激烈的国际竞争中能占据优势地位，他们每年都投入约3亿美元资金来实施技术改造计划，从而使该公司总能在最快的时间内更新设备，同时每年还投入3500多万美元用于员工培训，而该公司80%的利润来自最近4年内研制的新产品。这种为了达到一流水平的执着精神，的确值得中国企业学习。

有些人认为追求完美是在浪费时间，可能会降低效率，其实不然。追求完美才是有效管理的最高境界。但是，追求完美并不是要达到完美，重要的是我们怎么使工作变得更有美感，怎样更接近完美。

第七章　有计划、有目标：引导组织朝一致的方向共同奋斗

目标管理是以目标为导向，以人为中心，以成果为标准，而使组织和个人取得最佳业绩的现代管理方法。目标管理亦称"成果管理"，俗称责任制。是指在企业个体职工的积极参与下，自上而下地确定工作目标，并在工作中实行"自我控制"，自下而上地保证目标实现的一种管理办法。

◆ 成功者善于用行动实现目标

任何企业都有目标，但不是任何企业都能实现目标。企业要明确自身的目的和使命，但更为重要的是企业要将目的和使命转化为企业目标。企业目标的实现，不是纸上谈兵，更不是空中楼阁，管理者必须用行动实现目标。成功者都善于把使命转化为目标，并用行动实现目标。

我们有理想，因此我们不需要高谈理想、阔论未来。我们需要准确地把握现实，灵活地面对市场，需要以变革之心应对市场变化，因为我们要实现高绩效。

成功者都能准确认识自己的理想，都能将理想转化为自己的目标，并毫不犹豫地去行动。

这是一个著名的故事：

有一个年轻人，他对大学制度的弊端已经思考很久了，对此他有很多想法。一天，他终于鼓起勇气，向校长提出若干改进大学制度的建议。结果他的意见没有被校长接受。于是，他作了一个在当时称得上是骇人听闻的决定——自己办一所大学。他要自己来当校长，以消除这些弊端。在当时，办学校至少需要 100 万美元。这可是一笔不小的数目，上哪找这么多钱呢？难道要等到毕业后再挣吗？那实在遥不可及。

这个年轻人每天都将自己封闭在寝室里冥思能赚到 100 万美元的各种方法，他坚信自己可以筹到这笔钱。同学们都认为他是白日做梦、不切实际，因为天上不会掉馅饼。

有一天，这个年轻人意识到，不能再停留在思考层面了，长此下去永远也不会有什么结果。于是，他做出一个决定，那就是不再思考，而是立即开始行动。他果断地采用了一些他在以前想出来的他且认为还不错的计划，然后拿起电话给报社拨了过去，说他准备举行一个演讲会，题目是《如果我有100万美元》。

他不厌其烦地给无数家报社打电话，一遍遍地讲述自己的想法。但是没有一家报社搭理他，更多的是对他的取笑，说他天真、无知。然而这丝毫没有打消他的热情和行动。皇天不负有心人，终于有一个报社的社长被他的诚意和精神打动，告诉他后天有一个慈善晚会，并允诺在晚会上留出15分钟作为他的发言时间。

那是场盛大的慈善晚会，有许多商界人士应邀出席。

机会来了，面对台下诸多成功人士，他毫不怯场，走上讲台，发自内心、饱含真挚地说出了自己的构思和计划。

等他演讲完，一个叫菲利普·亚默的商人站了起来："小伙子，你讲得非常好。我决定投资100万，就照你说的办。"

事情马上变得简单了。年轻人用这笔钱办了一所自己理想中的大学，起名为亚默理工学院——这就是现在著名的伊利诺理工学院的前身。年轻人实现了自己的梦想。

这个将自己想法转化为目标并敢于行动的年轻人就是后来备受人们爱戴的教育家——冈索勒斯。

冈索勒斯敢想敢干，用他的行动实现了自己的梦想。这个世界并不缺少理想，而是缺少能把理想转化为自身目标的行动。管理者如果仅仅对企业的使命高谈阔论，而不能将使命转化为目标，这样的管理者绝不是一流的管理者，这样的企业也绝不是一流的企业。企业必须行动，必须用行动来实现目标。

一流的企业用三流的员工创造一流的业绩，而三流的企业用一流的人才创造三流的业绩。一流的公司能坚持不懈地将目标转化为实际行动，即使在发展壮大、招募新员工，甚至兼并其他公司以后亦能如此。而三流公司空有许多既聪明又勤奋的优秀人才，却不能将他们的满腹经纶用于经营实践，给公司创造绩效。公司之间出现的这种差距就是行动力的差距。

对于一个公司来说，无论规模多小都必须以实际行动甚至是从失败的教训中获取经验和目标。但遗憾的是，许多管理者宁愿去对问题进行反复讨论、界定和分析，也不直接去解决它。导致这种情况发生的原因之一，就是将高谈阔论等同于实际行动的倾向。实际上，事情只有付诸实施，而且必须有人去做，才能够完成。

很多公司常常忘记企业之使命，从而错误地制订计划，他们把结论问题当作实际解决问题的过程。以施乐公司为例，它曾经在一个名为"质量挂帅"的计划中推行全面质量管理，结果却由于撰写和讨论大量书面文件的原因而陷入困境。直到 4 年之后，实施的情况仍然良莠不齐。大约有 7 万名施乐员工接受了为期 6 天的质量管理培训，然而调查显示，只有 13% 的员工自称在决策中用到了质量成本方法。尽管施乐尽了最大努力，但是质量观念仍然没有成为该公司的基本经营原则。

为什么召开了这么多会议，组织了这么多特别任务小组，编写了一大堆报告，公司却只产生了如此小的变化呢？因为管理者只是在盲目地制订计划，而没有将计划转化为行动。这是一种不顾绩效的盲目决策行为。

企业管理必须有效，必须追求绩效。没有行动力和执行力的企业，任何决策都会"失灵"，往往还没有行动就已经失败。管理就应该重视实践、重视行动、重视绩效，管理者应该做到"知行合一"。

◆ 建立完整的目标体系

企业明确了自身的愿景、目的和使命后，就应该将企业的目的和使命转化为目标并进行有效的目标管理。目标管理是企业提高绩效的重要手段，企业必须建立完整的目标体系。企业必须有总目标，各个部门及各个员工都应该有自己的分目标，而且分目标从属于总目标，分目标是实现总目标的基础。

企业应该建立怎样的目标体系呢？企业的目标体系有哪些重要的方面呢？企业目标应该建立在八个主要方面：市场目标、创新目标、人力资源目标、财务目标、物质资源目标、生产率目标、社会责任目标、利润目标。

企业存在的目的是为了创造顾客，那就必须首先有市场，应该建立完整而有针对性的市场目标。这与企业的定位和目的密切联系，一定要首先确定自己的目标顾客是哪些人。

企业必须明确它所生产产品的创新点，即它需要在哪些方面进行创新；必须明确创新方向以及产业方向，因为不创新就会被市场淘汰。所以，企业必须建立创新目标，而且能使创新目标在企业活动中被贯彻和执行。

企业要生产，必然需要最基本的资源，这包括人力、资本、物质投入等。这些方面的目标与企业规模和市场前景相关。企业应该充分有效地利用资源，以降低成本，进行成本控制，所以必须有相应的效率目标——生产率目标。

企业存在于社会中，企业必须承担社会责任，这由企业的使命决定。企业必须有社会责任目标，如企业应该为社会提供怎样的产品，企业的生产经营活动会不会影响到人们的生活，会不会破坏环境，等等。企业的社会责任目标应该与企业所需要建立的信誉、形象、知名度、美誉度等联系起来。

◆ 协调离不开目标管理

《红楼梦》中王熙凤说："大有大的难处。"的确，任何企业发展到一定阶段，企业的协调成本就会迅速增加。管理者应该尽可能把"大的难处"降低，把协调成本降低。目标管理有利于提高组织的整体协调能力；目标管理促使组织内部的各部门之间相互协调合作，从而步伐一致；目标管理也促使企业员工团结，朝一致的方向努力。

电影《胜利大逃亡》中的故事，是运用目标管理实现高协调能力的经典案例。《胜利大逃亡》讲述的是二战期间一次惊心动魄的大逃亡故事，可谓人类协作精神的完美典范。

二战期间，在德国柏林东南部有一座德国战俘营。为了逃脱纳粹的魔爪，250多名战俘准备越狱。然而，在纳粹的严密控制之下，要实施越狱计划谈何容易，这要求战俘们进行最大限度的协作才能确保成功。为了实现成功越狱的目标，他们进行了明确分工。

这是一件极其复杂的事。首先要挖地道，而挖地道和隐藏地道则极为困难。战俘们一起设计地道，动工挖土，拆下床板和木条支撑地道，处理挖出的新鲜泥土的方式更令人惊叹。他们用自制的风箱给地道通风吹干泥土，并且制作了轨道和手推车，在狭窄的坑道里铺上了照明电线。所需的工具和材料之多令人难以置信：3000 张床板、1250 根木条、2100 个篮子、71 张长桌子、3180 把刀、60 把铁锹、700 米绳子、2000 米电线，还有许多其他东西。为了寻找和搞到这些东西，他们绞尽脑汁。此外，每个人还需要普通的衣服、纳粹通行证和身份证以及地图、指南针和食品等一切可以用得上的东西。担任此项任务的战俘不断弄来任何可能有用的东西，其他人则有步骤、坚持不懈地贿赂甚至讹诈看守以得到东西。

每个人都有各自的分工：做裁缝、做铁匠、当扒手、伪造证件……他们日复一日地秘密工作，甚至还组织了一些掩护队，以吸引德国哨兵的注意力。

此外，他们还要负责安全问题。德国人雇用了许多秘密看守混入战俘营，专门防止越狱。安全队监视每个秘密看守，一有看守接近，就悄悄发信号给其他战俘、岗哨和工程队队员。而这一切工作，由于众人的密切协作，在一年多的时间内竟然躲过了纳粹的严密监视。他们成功地完成了这一切。曾把此事拍成电影《胜利大逃亡》的著名导演约翰·斯蒂尔格斯评论这件事时，感叹不已地说："这次逃亡需要200 多人完完全全地投入，每个人都要竭尽全力，每分、每时、日日夜夜连续作战，时间长达一年多。人的能量从来没有被发掘到如此淋漓尽致的地步过，这种决心和勇气令人震撼。"在这次逃亡中，战俘们要成功越狱是总目标。根据这个总目标，每个人都有相应的分工，所有人都必须协调一致，一旦有一个人走漏消息或是出现了纰漏，整个目标就会全面失败。因此，任何人都不得出现任何问题。这个故事中200 多人共同协作，最终实现了目标，成功越狱。

这个故事对企业管理者非常具有启发意义。企业管理者通过目标管理把所有的员工团结起来，每个员工都尽心尽力地完成自己的任务，从而最大化地提高了资源利用效率，防止部门、人员之间不协调所造成的人力、物力浪费。企业内部协调合作当然不可能有《胜利大逃亡》中那些战俘那样艰辛，但是管理者必须向那些战俘们学习，他们的这种协作精神，几乎开掘出了人类协调共进的极限。每个组织都必须通过目标管理努力提高组织效率、增加绩效。

◆ 学会追求"适度"的市场目标

企业要追求市场目标，但不应该把市场目标放在最大化上，而要放在最适度上。这就需要管理者全面分析和认识顾客、产品、服务、流通等各方面的问题，这一类的决策属于高风险决策。管理者必须学会追求适度的市场目标。

所谓适度的市场目标从其本质上可分两种：一种是定量目标，一种是定性目标。定量目标是可以量化的目标，比如某企业在某年度的市场占有率要达到40%；定性目标指不可以被量化的目标，比如马狮公司的目标就是通过销售物美价廉的服装消除阶级差别，实现社会革命。对于不能量化或难以量化的目标，一般都采用定性目标。很多企业迷信量化目标，把不能量化的目标也要量化，这样只能适得其反。另外，决策者在制定目标时，不能只强调目标的量化与层次而忽视了目标的可操作性，因为不能被操作和执行的目标就没有价值。

德鲁克所强调的目标管理，非常关注员工的参与度。决策者在制定目标时，要充分考虑员工的意见，要充分吸收他们的建议，因为最终目标都需要他们去执行和实现。很多领导者唯我独尊，从不考虑员工的意见和感受，这种专制的管理方式与目标管理的精神背道而驰。有些企业老总自己制定目标，然后分解给员工去执行。结果有的部门轻而易举就完成了任务，有的部门即使再努力也不能实现，从而引起下属对这种目标的对抗情绪，最终导致企业管理成本增加，而管理效用大为降低。

领导者和决策者建立适度的市场目标，必须强调人的参与意识，调动人的积极性。20 世纪 90 年代中期，全国都在学邯钢，当时邯钢采用的就是目标管理。它有几句话喊得很响，叫作"千斤重担万人挑，人人肩上有指标"，特别是在制定目标时，让人感到跳一跳就够得着。这种目标就是适度的，只要努力就能达到，自然能激发员工的工作热情。

企业要建立适度的市场目标，必须注意以下几个方面的问题：

1. 要改变目标的设定方式

很多管理层在制定目标时，都喜欢自上而下层层推进。这种制定目标的方式效率高，但准确性差。制订适度的目标是为了有效，而不是为了有效率，所以必须从员工实际出发。在制定适度的市场目标时，尤其要考虑市场和营销部门意见。领导者要习惯采用自下而上的目标设定方式，因为这样的目标设定方式是一种双赢的模式。管理者因此可以在决策中处于主动地位，并有效地调动员工的工作积极性。而目标是员工自己制订的，他们就会认真负责地完成任务；即使任务没有完成，他们也愿意承担责任。

传统的目标管理一般都是先总后分的形式，这样很容易造成强制性目标的现象，从而忽略下属部门及员工的感受。如果采用自下而上的形式，先让下属部门根据实际情况制订出目标，然后层层上报，最终制订出总的目标，这样不仅提高了员工的参与意识，而且使公司的总目标有了支撑基础。领导者必须明确，这样一种目标设定需要不断修整，因为员工毕竟对行业的整体把握能力有限。

2. 适度的市场目标要重视经验

企业在制订市场目标时，可以根据本企业近几年的增长率以及同行业的增长率，来客观评价企业的发展状况及行业的市场饱和程度。企业可以参照这两种标准，然后再结合企业内外部实际情况加以综合考虑。

3. 要注意目标的协调性

企业制订的往往是一组目标，这些目标必须相辅相成、协调一致。市场目标必然涉及成本、利润、广告、公关、生产等各个部门，市场目标的变化必须参照这些部门的情况来综合确定。所以，适度的市场目标必然是协调的目标，否则就会导致部门冲突和矛盾，最终会影响员工的生产积极性及企业整体业绩的提升。

◆ 目标提升自制力

目标管理追求目标实施的最终结果，这就使得管理者能有效控制自己的绩效表现。重视结果意味较强的自我控制，同时也是一种自我激励。对于大多数员工而言，都希望自己能做得更好，因此每个人都希望超越目标，而不是勉强达到目标。这就使企业里洋溢着一种追求卓越、渴望进步的精神，这种自我控制、自我实现的精神比任何管理制度都有效。因此目标管理大大增强了个人的自制力。

自制力是指一个人自觉地调节和控制自己行动的能力。目标管理使管理者能够理性对待周围发生的事件，他不需要再关注乏味而惹人讨厌的具体问题，因为员工们都能有效提高自己的自制力。所有的活动都由员工自我设定、自我完成，他们能够约束自己的行为和感情，不会再去浪费时间做那些影响目标实现的事情。通过实施目标管理，管理者调动了员工的工作积极性，同时也使自己从冗杂的事务中解放出来，专注于解决重要的问题。

员工认同了目标，就会集中精力完成某项任务，从而排除外部干扰，抑制那些不必要的活动。目标强化了自制力，而在自制力的调节下，人能够选择正确的活动动机，调整行动目标和行动计划。

为了实现目标，人们就能理智地控制自己的欲望，分别以轻、重、缓、急去安排自己的工作，调整自己的行为。作家李准在报告文学《两个青年人的故事》中曾有过这样一段描述："杨乐到了北大数学系后，学习更努力了。他和张广厚每天学习演算 12 小时，他们没有过过星期天，没有过过节假日。'香山的红叶红了'，让它红吧，我们要演算题。'中山公园的菊花展览漂亮极了'，让它漂亮吧，我们要学习。'十三陵发现了地下宫殿'，真不错，可是得占半天时间，割爱吧。'给你一张国际足球比赛的入场券'，真是机会难得，怎么办？牺牲了吧，还是看我们案头上的数学竞赛题。"杨乐、张广厚在强烈的学好数学的事业心的召唤下，一次次克制了游玩的冲动。这为他们在数学领域中获得重大的成就创造了条件。

每个人可能都有这样一种生活体验：当没有目标的时候，很容易变得懒惰和迷茫。而一旦确立了目标，并且要求你在一定期限内保质保量地完成任务，这就使个体有了压力。这种压力能使人们学会选择自己的行为、控制自己的情绪，以便于按照目标的要求完成任务。

可见，目标管理可将一种外在的压力转化为人的一种内在的需要，人的自制力会因此得以提高，做事的效率和有效性也会得以增强。

◆ 好的目标关键在于执行

有一只燕子，她的家在房顶下面。她的邻居麻雀住在屋檐下面。麻雀的窝比较简单，不过是排水管和房檐之间的一个小小的空隙罢了。

燕子每年都孵育小燕子，教她们飞翔、唱歌。麻雀却不一样，她每年也生不少蛋，可是她从没有把小麻雀孵育长大：不是淘气的孩子们掏走了她窝里的蛋，就是小麻雀被猫吃掉了。

麻雀看到燕子一家其乐融融，非常羡慕。

"你真幸福！"麻雀说，"你每年都能孵出小燕子，而我的孩子却总是保不住！"

"都怪你自己不用心，"燕子说，"要是你的窝也和我的窝一样结实，小孩和猫就没有办法了。"

"那就请你教我搭窝吧！"麻雀说，"你一定知道什么秘密，或者有什么诀窍。"

"搭窝要动动脑筋才行，"燕子说，"不过，其实也没有什么诀窍。咱们一起飞吧，我一定教会你。"

燕子和麻雀一起飞到了一个湖边。

"喂，我亲爱的朋友，你用嘴巴衔一点泥，学我的样子。"燕子边说边做给麻雀看。

"唧唧唧!"麻雀回答说,"原来是这样啊!依我看,搭窝一点也不难,什么诀窍也没有!"燕子沉默,她看了看麻雀,然后衔着一块泥飞回家,把它糊到墙上。

"你也这样做吧!"她又劝麻雀。

"我看见了,看见了!"麻雀说,"很简单啊。我还以为你做的那个窝有什么秘密呢!这样糊泥谁不会呀? 不!这种小事我可不干!"

燕子一次又一次地飞到湖边,每次都衔回一块泥。泥衔够了以后,她又去衔稻草。材料备齐了,她就开始筑窝。她一层泥,一层草,又一层泥,又一层草……把窝搭得严严实实。

"窝只有这样搭才行。"她教麻雀说,"先糊上一层泥,再加上一层草,再糊上一层泥,再加上一层草……这样,一个结结实实、舒舒服服的窝就搭好了。"

"我知道,我知道!这里面一点高明之处也没有!"麻雀以轻蔑的口吻叽叽喳喳地说。

燕子回答说:"我知道你知道,可是光知道永远搭不成窝,没有行动怎么可能有成果? 你只知道夸夸其谈,那样永远也孵不出小麻雀来!"

寓言总是很简单,其中的寓意却不简单。燕子和麻雀的区别就在于,燕子是行动家,而麻雀却只知道夸夸其谈。在麻雀的眼里,燕子一点都不高明,可是比燕子更高明的麻雀却永远也孵不出小麻雀来。任何目标再宏大、再美好,都需要去执行、去运用、去实践,脱离行动的目标就不是有效的目标。

有效的目标管理应该能落实到实践中,应该可以被执行和应用。德鲁克认为,有效的目标绝不是美好的愿望,倘若如此,那么企业的目标就形同废纸。因此，任何抽象的目标都必须转化为各项具体的工作，这种工作应该有期限限制，可以考核并有特定的责任者。

一个缺乏执行力的管理者不是一个合格的管理者，一个不能被应用的目标不是一个有效的目标。好的目标必须被运用，只有在运用中才能真正体现目标管理的价值。目标管理的优势在于，它能有效地提高工作效率。好的目标关键在于运用，在于执行。而运用就必须有方法，将目标管理应用最为成功的国内企业是海尔集团。

海尔集团董事长张瑞敏根据德鲁克的目标管理理论，结合海尔的实际，提出了著名的 OEC 管理法。OEC 管理方法也叫日清日高管理法，它是英文 Overall Every Control and C1ear 的缩写。其含义是全方位对每人、每天所做的每件事情进行控制和清理，并要求每天者有所提高，做到"日事日毕，日清日高"。具体地讲就是企业每天所有的事情都要有人管，做到管理不漏项；所有的人均有管理、控制内容，并依据工作标准对各自控制的事项按规定的计划执行，并每日把实施结果与计划指标进行对照、总结、纠偏，以达到对事物发展的过程日控、事事控制的目的，确保事物向着预定的目标发展。

OEC 管理法促使企业以及每位员工、每项工作都能自我设定目标、自我发展、自我约束并实现良性循环。这一方法可以概括为：总账不漏项，事事有人管，人人都管事；管事凭效果，管人凭考核。其中，总账不漏项是指把企业内部所有的事物按照事与物分成两类建立总账，使企业正常运行过程中所有的事和物都能在控制网络之内，确保体制完整不漏项，从而有利于全面的目标管理。事事有人管、人人都管事是指将总账中所有的事与物都通过层层细化设定目标，并落实到各级人员，由此制定各级岗位职责以及每件事情的工作标准。为达到事事控制的目的，每个人根据其职责建立工作台账，明确每个人的管理范围、工作内容，每项工作的工作标准、工作频度、计划进度、完成期限，等等。管事凭效果、管人凭考核是指任何人在实施过程中，都必须依据总台账的要求开展本职范围内的工作。这就使每个人在相对的自由度下可进行有创造性的能力发挥，力求在短时间内完成达到各自标准甚至高于标准的各项工作。

海尔集团的 OEC 管理体系由三个基本框架构成，即目标体系、日清控制体系和有效激励体系。

通过完整的管理体系，海尔集团将企业目标有效分解，并层层落实到每一个员工身上。从目标的设定到目标的控制，再到目标的考核，每一个阶段，目标都能被有效执行。这样就大大提高了员工的工作效率和绩效，并有效地将企业的绩效和员工的个人工作成果统一起来。正是由于海尔建立了科学的目标管理体系并有效地应用了目标，海尔才能快速、持续、健康地发展。

由于海尔的 OEC 管理充分关注了管理中人的因素，因此目标的执行就不再是刻板严肃的数字和制度，而是转化成了员工空前高涨的工作热情。海尔集团洗衣机海外产品经理崔淑立将日清日高管理法创造性地转化为"夜半日清"就是一个典型案例。

崔淑立刚接手管理美国市场时，同事们都说："拿下美国 B 客户非常难！"因为前任各产品经理在这位客户面前都业绩平平。

真这么难吗？崔淑立不信这个邪。这天，崔淑立刚上班就看到了 B 客户发来的要求设计洗衣机新外观的邮件。因时差为 12 个小时，此时恰好是美国的晚上。崔淑立很后悔，如果即时回复，客户就不用再等到第二天了！从这天起，崔淑立决定以后晚上过了 11 点再下班，这就意味着可以在当地上午时间里处理完客户的要求。

　　三天过去了，"夜半日清"让崔淑立与客户能及时沟通，开发部很快完成了新外观洗衣机的设计图。就在决定把图样发给客户时，崔淑立认为还必须配上整机图，以利确认。当她"逼着"自己和同事们完成"日清"——整理出整机外观图并发给客户时，已经是晚上12点了。大约凌晨1点，崔淑立回到家，立刻打开家中电脑。当她看到客户的回复："产品非常有吸引力，这就是美国人喜欢的。"她顿时高兴得睡意全无，为自己的"夜半日清"产生效果而兴奋不已！

　　样机推进中，崔淑立常常半夜醒来打开电脑看邮件，可以回复的就即时给客户答复。美国那边的客户完全被崔淑立的精神打动了，推进速度更快了。B客户第一批订单终于敲定了！

　　其实，市场没变，客户没变，企业的目标没变，拿大订单的难度也没变，改变的只是一个有竞争力的人——崔淑立。崔淑立完全有理由说："有时差，我没法当天处理客户邮件。"但她只认目标，不说理由！崔淑立说："我从中感受到的是自我经营的快乐！有时差，也要日清！"

　　好的目标需要好的方法来落实，好的方法更需要优秀的人去贯彻。海尔通过将目标管理有效地移植，充分地提升了员工的工作境界，使员工以主人翁的精神去经营工作、满足客户需求和创造业绩。

　　中国有那么多的企业，为什么缺少优秀的企业家，缺少优秀的员工呢？关键在于管理机制，在于管理方法。目标管理的优势不言而喻，为什么执行就那么困难？为什么目标只停留在口头上，而无法落实到行动中？所有的管理者、决策者都必须深入反思这些困扰中国企业发展的基本问题。

第八章　协调沟通：优化沟通让员工畅快工作

　　沟通协调，是管理者为了实现管理目标，运用正确的手段和方法，积极稳妥地处理各种矛盾关系，促使矛盾朝着目标方向转化的一种创造性活动。沟通是协调的条件和手段，协调是沟通的目的和结果，二者密切联系，相辅相成，缺一不可。

◆ 善于调解下属之间的矛盾

一天，乾隆在宰相和珅和三朝元老刘通训的陪同下，到承德避暑山庄的烟雨楼前观景赋诗。乾隆向东一望，湖面碧波荡漾；向西一观，远方山峦重叠，不禁随口说道："什么高，什么低，什么东，什么西。"饱有学识的刘通训随口和道："君子高，臣子低，文在东来武在西。"宰相和珅见刘通训抢在他的前面，十分不快，想了一下说道："天最高，地最低，河（和）在东来流（刘）在西。"这里，"河"与"流"明指热河向西流入离宫湖，但和珅却用谐音暗示自己与刘通训，并借皇家礼仪上的东为上首、西为下首的习俗暗示刘通训：你虽是三朝元老，但在我和珅之下。

刘通训听了，知道和珅诗意所指，甚是恼怒，便想寻机报复。这时，乾隆正要两人以水为题，拆一个字，说一句俗语，做成一首诗。刘通训望着清波中自己老态龙钟的面容，偷视了一下和珅自负的得意之形，灵机一动，咏道：

"有水念溪，无水也念奚，单奚落鸟变为鸡。得意的狐狸欢如虎，落坡的凤凰不如鸡。"

和珅听罢，既暗自赞叹刘通训的才华，又为诗中讽刺他是狐狸和鸡而恼怒，便反唇相讥道：

"有水念湘，无水还念相，雨落相上便为霜。各人自扫门前雪，哪管他人瓦上霜。"

言外之意，暗示刘通训不要多管闲事。

　　乾隆听罢两人的诗，自然觉出了两人不和的弦外音，便面对湖水说道："两位爱卿，朕也不妨对上一首：有水念清，无水也念青，爱卿协心便有情。不看僧面看佛面，不看孤情看水'情'。"

　　和珅和刘通训听罢，心中为之一震，顿时脸上烧得火辣辣的，知道皇上是在诱导他们应当同心协力。二人当即拜谢乾隆皇帝。从此，和珅和刘通训便结为忘年之交。

　　作为领导者，对下属之间产生的摩擦，最好是采取循循善诱的方法，耐心细致地从思想引导着手。切不可采取强硬粗暴的态度，更不可以用"高压"的手段。

◆ 给沟通助力

　　在当今社会，企业的结构发生了巨大变化，由传统的金字塔形转向了扁平化。中间管理层大量减少，使高层和基层员工的沟通迅速增加，但同时也使高层的工作压力增加。庞大的基层和小而精的高层需要实现有效的沟通，而目标管理正是为这种新型的组织沟通提供了有效性。管理层和员工有共同的目标、共同的任务，这就使得沟通的针对性增强，避免了庞杂、无谓、浪费时间的沟通，从而也有效地降低了沟通成本。

　　目标管理首先增强了组织高层和基层的沟通，同时有利于员工将这种沟通有效地向外部延伸。目标和任务把管理者和员工密切地连成一个整体。管理者为了使员工能理解企业的战略和目标，并将之贯彻到自己的行动中，就必须与员工全面地沟通，必须使员工认同企业的战略、目标和决策。一方面，员工认同了组织目标，就会将之内化为自身的目标，从而有效地提高工作效率；另一方面，员工认同了组织目标，就能将之延伸给顾客并进一步辐射到组织外去。这就使员工与顾客及外界得以沟通，更能体现企业的战略需要，因为每个员工都既是组织的人，也是社会的人。

美国西南航空公司在这方面做得非常优秀。

美国西南航空公司一以贯之地全力推行员工参与决策制订，这使每一位员工都能够充分理解公司的战略意图。这样的做法增强了组织内沟通，也增强了组织外部沟通。有一次，一位等候登机的乘客向一位经理抱怨："西南航空公司的班机为什么不把座位分为不同档次呢？像别的航空公司那样，他们不都是那样做的吗？那样我们就不用再在登机的时候排长队了。"这位经理正准备站起来向乘客解释，一位普通的乘务员已客气地回答了乘客的这个问题："我们公司之所以不把机舱分成不同档次，是因为我们一贯实行的是低价政策。这样不但省去了预订系统，而且提高了座位利用率。这当然不仅仅对公司有利，节省下来的同样是乘客的钱。如果公司和别的航空公司一样采用分档的策略，公司必须增加17架飞机才能满足需要。要知道，每架飞机价值3500万美元，这需要投入巨大的成本。而按照我们现在的策略，每位顾客每次飞行至少节省了70美元。"

这位乘务员的解释让乘客十分满意，他为西南航空公司让利消费者的做法而感动，也为这位乘务员能与他无偏见地进行沟通感到惊讶。

这位乘务员之所以能如此彻底地执行、解释企业决策，就在于西南航空公司的决策让所有员工共同参与。管理层和每位员工充分地沟通，增强了员工和顾客沟通的有效性。即使最基层的员工，都能了解公司的战略意图，都能清晰地表达出企业对顾客利益的重视。这样的企业使员工以主人翁的精神参与到企业管理中来，自然能赢得市场，获得长远发展。可见，目标管理大大强化了组织高层和基层的沟通，从而有效地贯彻了组织的战略和目标。

目标管理还可以促进组织内部不同部门之间的沟通合作。传统企业的各个部门之间相互条块分割，彼此联系较少、沟通有限，这就会造成企业总目标在执行过程中形成不同的执行方案，部门与部门之间的协调不充分，从而影响企业整体绩效的实现。通过目标管理加强跨部门沟通，从而打破部门樊篱，使企业内部能够充分协调合作。

飞利浦公司组织的战略性交谈活动，充分体现了目标管理对于增强企业跨部门沟通合作的重要性。

飞利浦是欧洲最大的电器设备生产商，全世界每 7 台电视机中就有 1 台装的是飞利浦的显像管，但是它占据整个公司销售额 1/3 的家电部门却效益很低。2001 年新上任的总裁杰拉尔德声称，在未来的三年里，飞利浦的家电部门要么赢利，要么就关门！这个目标计划并没有人相信。

杰拉尔德并没有采取极端的措施，而是在各部门以这一目标为中心展开了一场战略陛交谈活动。他认为应树立员工们的信心，通过目标管理增加沟通的有效性，从而实现跨部门的合作。因为他上任后发现，公司被条块化地分成了六个业务部门，它们之间很少或者完全没有沟通。

他的第一个动作是根据总目标确定了四个关键性的主题。这些主题描绘了飞利浦可能取得成功的技术前景，它们包括：显示器、存储器、连通性和数字视频程序。这样一来，这些主题就使得不同技术部门之闻的边界变得模糊。要取得成功，这些部门就必须进行全新的、直接的深入对话。

杰拉尔德开始战略性交谈的方法是聚集所有对该主题做出贡献的

人，不管其职位的高低，一起参加一次为期一天的峰会，让与会者交流看法、讨论方案并且针对不同的重要项目制订最终的策略和方针。这一会议促使目标变得非常清晰，并且促成了不同部门之间更好的合作。

战略性交谈很快显示出效率，一个显著的例子就是飞利浦在 DVD 市场上取得了成功。当管理层确信在光学存储器上的成功就意味着会在 DVD 市场上取得成功后，一个囊括了来自飞利浦公司的半导体部门、配件部门以及家电等部门的人员的项目团队开始行动。他们改写了 DVD 的新标准，并在 2003 年抢占了美国 DVD 市场 60% 的份额。

为什么飞利浦公司最重要的赢利部门却不能产生效益，其根本原因就在于：各个部门各自为政，互相扯皮，彼此间缺少共同的目标，因此不能实现有效的合作。杰拉尔德通过设定企业未来 3 年的发展目标，进而确定了战略性交谈，并通过全面沟通使跨部门合作成为可能，进而大大提高了企业效益。可见，目标管理有利于企业增强组织内部跨部门沟通合作，从而有利于全面提高企业的业绩。

总之，目标管理使员工可以参与到管理过程中来。因此，企业的总目标和员工的分目标趋于一致，不仅使组织内纵向的上下级沟通、横向的部门沟通增加了有效性，而且使员工与外部的沟通也具有了有效性。

◆ 消除"位差效应"，与员工平等交流

美国加利福尼亚州立大学对企业内部沟通进行研究后得出了一个重要成果：沟通的位差效应。他们发现，来自领导层的信息只有 20%—25% 被下级知道并正确理解，而从下到上反馈的信息则不超过 10%，

平行交流的效率则可达到 90% 以上。进一步的研究发现，平行交流的效率之所以如此之高，是因为平行交流是一种以平等为基础的交流。

为试验平等交流在企业内部实施的可行性，他们试着在整个企业内部建立一种平等沟通的机制。结果发现，与建立这种机制前相比，在企业内建立平等的沟通渠道，可以大大增加领导者与下属之间的协调沟通能力，使他们在价值观、道德观、经营哲学等方面很快地达成一致；可以使上下级之间、各个部门之间的信息形成较为对称的流动，业务流、信息流、制度流也更为通畅，信息在执行过程中发生变形的情况也会大大减少。这样，他们得出了一个结论：平等交流是企业有效沟通的保证。

许多企业强调沟通，却往往忽视有效沟通渠道的建立。企业规模不大时，这种问题可能表现不会很明显。但当企业发展到一定规模的时候必定会出现沟通上的问题，从而影响企业的发展。如果不能很好地解决这些问题，企业发展就会严重受挫。在企业中，信息的交流主要有三种：上传、下达、平行交流。前两种是非平等交流，后一种总体上是一种平等交流。要想扩大沟通的有效，就需要把平等的理念注入前两种交流形式中去。

一个企业要实现高速运转，要让企业充满生机和活力，有赖于下情能为上知，上意迅速下达，有赖于部门之间互通信息，同甘共苦，协同作战。要做到这一点，有效的沟通渠道是必需的。权威调查资料表明，在一个企业中，中级领导大约有 60% 的时间在与人沟通，高级领导则可达 80%，沟通的有效性对领导力和企业发展的影响由此可见一斑。国内外事业有成的企业无不视沟通为管理的真谛。正如英特尔公司的前任 CEO 安迪·格鲁夫所言，"领导公司成功的方法是沟通、沟通、再沟通"。

以上传而言，最大的问题就在于言路不畅，当管理层次增加以后，基层的声音就很难传达到高层领导那里。要解决这些问题，最好的方法就是打破上下级之间的等级壁垒，实现尽可能的平等交流。在沃尔玛，这一信条得到了完美的体现。

沃尔玛公司一再强调倾听基层员工意见的重要性，即使现在公司规模不断扩大也是如此。在公司内，沃尔玛实行门户开放政策，即任何时间、地点，任何员工都有机会发言，都可以口头或书面形式与管理人员乃至总裁进行沟通，提出自己的建议和关心的事情，包括投诉受到不公平的待遇。公司保证提供机会讨论员工们的意见，对于可行的建议，公司会积极采纳并用来管理公司。在沃尔玛公司，经常有一些各地的基层员工来到总部要求见董事长。董事长沃尔顿先生总是耐心地接待他们，并做到将他们要说的话听完。如果员工是正确的，他就会认真地解决有关的问题。他要求公司每一位经理人员认真贯彻公司的这一思想，而不要只做表面文章。沃尔玛重视对员工的精神鼓励，总部和各个商店的橱窗中，都悬挂着先进员工的照片。公司还对特别优秀的管理人员，授予"山姆·沃尔顿企业家"的称号。

在下传上，沃尔玛做得同样很棒。老板山姆·沃尔顿强调：公司领导是员工的公仆。公仆领导，也就是领导和员工之间是一个"倒金字塔"的组织关系，领导在整个支架的最基层，员工是中间的基石，顾客永远是放在第一位。领导为员工服务，员工为顾客服务。只有把"上帝"伺候好了，大家的口袋里才会有更多的钞票。员工作为直接与"上帝"接触的人，其工作精神状态至关重要。因此，领导的工作就是指导、支持、关心、服务员工。员工心情舒畅，有了自豪感，就会更好地服务于顾客。

正是这种视员工为合伙人的平等精神，造就了沃尔玛员工对公司的强烈认同和主人翁精神。在同行业中，沃尔玛的工资不是最高的，但他的员工却以在沃尔玛工作为快乐，因为他们在沃尔玛是合伙人。

平等的沟通渠道为沃尔玛带来了巨大的财富，同时给我们以无尽的启示：有平等才有交流，有平等才有忠诚，有平等才有效率，有平等才有竞争力。

◆ 不搞一言堂，给员工发表意见的机会

很多企业的领导都喜欢自己的员工按自己的意思行事，一旦有人对他的想法提出质疑或有不同的意见，就会觉得很不爽！员工只要按自己的意思办了，心里才舒服，只有这样才有成就感！如果不同的声音出现，就会很不高兴，轻的当面斥责，态度强硬，重者对持有不同意见的员工打击报复！

久而久之，企业里面就会只有一个声音，再无杂音，真正成了"一言堂"！然而这样做好吗？这是一个不用讨论的话题，对企业肯定是不好的。因为企业领导有时候在工作上所做的决策也不能保证100%的正确，如果在企业里搞一言堂，当领导有错误决策的时候，没有站出来阻止，很可能会酿成大的错误，给企业造成不可挽回的损失。

所以说，公司领导就应该敞开胸怀，去接纳不同的意见，多多发挥员工的主观能动性，群策群立，要知道集体智慧的力量是无穷的，

这样可以最大限度地避免由于一个人的想法之局限性而造成的工作失误，使企业在发展过程当中少走弯路，从而避免一些重大的决策失误。

小到一个企业是这样，大到一个国家也是这样，像唐代的三省六部制，则从组织机构上从根本上解决了一言堂的不良现象，中书省负责对国家大事进行决策，而门下省则对中书省的决策进行审核，有权进行否定，并将决策打回中书省进行重新决策，这就避免了由皇帝一个人说了算从而造成决策失误的风险，贞观之治的盛世的开启，除了唐太宗李世民是一个开明的统治者能够听取不同意见之外，这样的机构也起到了重要作用。

近代史当中，也是一样，在中国的抗日战争当中，也曾经出现过领导与下属意见不一的情况，那就是对要不要打平型关战役进行了争论。中央领导认为现时期要以游击战争为主，避免大规模的运动战，但前线指挥员认为战机良好，适合打一次主力伏击，经过多少次电报沟通，最终领导同意了前线指挥员的意见，打了这场伏击战，并大获全胜。平型关战役意义非常，它从根本上打破了日本鬼子不可战胜的神话，给中国军民的坚持抗战坚定了信心，可以想象，如果当时中央领导搞一言堂，我中国的历史上就没有了这次精彩战例了！

综上所述，在公司领导岗位的人员一定要警惕"一言堂"现象，要容得下不同的声音，才能使企业朝着良性方向发展！

◆ 下属有过错，给机会改正比批评更重要

许多管理者对待犯了错误的下属，不是将其调走，就是降低使用，

或是不再给予重要性的工作。其实，下属犯了错误，最痛苦的是其自身，应该给其改正错误的机会。

美孚石油公司有一位部门经理，由于在一笔生意中判断错误，致使公司损失了几百万美元。公司上下都认为这个经理肯定会被炒鱿鱼，这位经理也做好了被炒的准备。他去见洛克菲勒检讨了错误并要求辞职。而洛克菲勒却平淡地说："开除了你，这几百万学费不是白交了。"此后，这位经理在工作中为公司创造了巨大的经济效益。

按理说，这位经理造成了这么大的损失，开除也不为过，至少在某些管理者那里一定会电闪雷鸣地大加训斥一顿。而有些管理者喜欢"痛打落水狗"，下属越是认错，他咆哮得越是厉害。

这样做会是什么结果呢？一种可能是被骂之人垂头丧气；另一种可能，则是被骂之人忍无可忍，勃然大怒，重新"翻案"，大闹一场而去。这时候，挨骂下属的心情基本上都是一样的，就是认为，自己认了错，上司还抓住我不放，实在太过分了。

美国人鲍勃·胡佛是个有名的试飞驾驶员，时常表演空中特技。一次，他从圣地亚哥表演完后，准备飞回洛杉矶。倒霉的是，飞行时刚好有两个引擎同时出现故障。幸亏他反应灵敏，控制得当，飞机才得以降落。虽然无人伤亡，飞机却已面目全非。

胡佛在紧急降落以后，第一个工作就是检查飞机用油。

不出所料，那架第二次世界大战的螺旋桨飞机，装的是喷射机用油。回到机场，胡佛见到那位负责保养的机械工。年轻的机械工早已为自己犯下的错误而痛苦不堪，眼泪沿着面颊流下。以胡佛当时的愤怒，一定会对这个机械工大发雷霆，痛责一番。

然而，胡佛并没有责备那个机械工人，只是伸出手臂，拍了拍工人的肩膀说：“为了证明你不会再犯错，我要你明天帮我修护我的F-51 飞机。”

　　相信胡佛的做法已经足以让年轻的机械工终身记住这一教训，永不再犯。所以，对于犯了错误的下属批评和责骂并不是最好的做法。错误已经犯下了，责备和抱怨都是于事无补的，你又何必如此呢？

第九章　公事公办：管人要用制度说话

　　日本软银集团的董事长孙正义曾经说过："三流的点子加一流的执行力，永远比一流的点子加三流的执行力更好。"这句话也适用于企业管理，三流的制度加一流的执行力，永远比一流的制度加三流的执行力更好。因为制度的生命力是执行，有了执行，制度才能发挥应有的作用。

◆ 别让员工怕你，要让他怕制度

在一些企业，很多员工怕老板，尤其是犯错误的员工。他们为什么怕老板呢？因为老板似乎有生杀予夺的大权，决定着他们的前途和命运。员工怕老板是好事儿吗？当然不是。为什么呢？因为员工一旦害怕老板，工作就无法轻松展开，尤其在与老板沟通时，就会显得谨小慎微、唯唯诺诺，这同样不利于工作。

员工什么都不怕行不行？当然也不行。如果员工什么都不怕，那他就会无法无天，做事就没了规矩。那么，让员工怕什么呢？怕制度，只有让他怕制度，而不是怕老板，才能在人性化和制度化之间找到平衡点，才有利于企业的运作。

在西方管理学上，有一个著名的"热炉法则"，它指的是当有人违反规章制度时，就像触碰了一个烧红的火炉，一定要让他受到"烫"的处罚。

热炉法则包含四个惩处法则，分别是预警性原则——通红的火炉，就像一盏信号灯，提醒大家不要触碰；必然性原则——只要你摸上去，必然会被烫伤，所以千万不要有侥幸心理；即刻性原则——只要你碰到热炉，瞬间就会被灼伤；公平性原则——不论是谁触碰了热炉，都会被烫伤，热炉不辨亲疏，不分贵贱，一视同仁地对待每个人。

每个企业都应该有自己的规章制度，只要有人触犯了，就要受到惩罚。在这些规章制度中，应明确规定员工该做什么，不该做什么，做了不该做的会受到怎样的惩罚。只有做到令行禁止、不徇私情，才能真正实现热炉法则。这要求企业领导者要有"铁手腕"，维护制度的威严，不讲任何情面。

毫无疑问，惩罚并不是目的，而是一种教育员工的手段。作为管理者，或许在给员工开罚单时，有一种于心不忍的心理，觉得员工来企业工作，赚钱不容易。但是管理者要知道，这样做对企业是有利的，当企业的利益得到保障时，从长远来说，对员工也是有益的。反之，如果员工不遵守公司制度，导致执行力不高，影响企业效益，甚至导致企业破产，公司倒闭了，员工的利益怎么保障呢？

古人说得好："皮之不存，毛将焉附？"从这个角度来看，管理者对员工严格一点，其实是为了员工好。当然，在惩罚员工之后，有必要对员工晓之以理、动之以情地说服教育。只有这样，受罚的员工才会心服口服，才会理解你的做法，并对你产生敬意。

◆ 争议面前，做一个公正的裁判

有人的地方就有争端，作为企业管理者，常常要在处理下属关系和矛盾时，充当"裁判"的角色。这时候，你千万不能有意偏袒任何一方，更不能强行改变原本公正的判决结果，否则很可能威信扫地。

在现实中，员工因工作而引起激烈的言语冲突，是正常不过的。在这种情况面前，不少领导往往是"非礼勿看，非礼勿听"的态度，不管下属争吵的如何厉害，他们都佯装不知，甚至让人误以为耳聋了。实际上这种不作为的管理方法并不明智，因为你的沉默就等于纵容，于是原本的争吵很可能会演变成了相互扭打，破坏了公司气氛不说，还会造成员工身体上的损伤。

那么，作为一个合格的管理者，在争议面前又该怎样做呢？老丁是一家中型企业的部门经理，这天眼看就要下班了，结果办公室走进来了两个怒气冲冲、相互喷火的下属。这两名下属是老丁的得力干将，现在居然脸红脖子粗的对吵。

原来二人在组建分公司的对外发展战略上存在严重分歧，结果说着说着便吵了起来，谁都不是轻易认输的人，所以来找上司老丁评理。作为裁判，老丁心里十分纠结，张某虽然有理，但他在平时的工作中异常自大，所以树敌颇多；陈某尽管做事稳妥，但这么长时间过去了，似乎一点长进都没有。在安排组建分公司带头人的事情上，老丁头疼不已。

当断不断，反受其乱，老丁深知这一点，所以哪怕是得罪人，也不能态度暧昧，否则只能让两个人的争论再次升级。考虑到两人都是自己的左膀右臂，所以老丁出言制止了两人的争吵，"你们的意见我都听到了，一直这样大声叫嚷下去也不怕同事们看笑话。"

作为部门经理，一旦失了公正，则必定会令某一方不满，从而埋下不稳定因素。出于公正，老丁最终做出了一个公正的决定，将组建分公司的对外战略交给张某，公司内部的事情则交由做事稳妥的陈某负责。至此，矛盾才算真正得以化解。

不要害怕被卷入到下属的争吵漩涡中去，面对员工之间的争吵，管理者要学会主动出击，做一个公共的裁判，尽快解决争端，化解员工之间的矛盾，故意视而不见、充耳不闻只会破坏内部团结，对企业的长远发展而言，是十分不利的。

越是在争议面前，企业领导人越要大公无私，只有敢于板起脸面做"包青天"，对事不对人，才能避免因不公正裁决伤了下属的心，引起上下级之间不必要的隔阂。

◆ 公平公正，并非不近人情

　　一个优秀的企业，在执行制度上，应该坚持公平、公正的原则。任何人不论地位多高，功劳多大，只要违反了制度，都应该接受应有的惩罚。这样，制度的权威性和严肃性才能得到维护，企业各项事务才能有条不紊地进行。

　　制度是人制定的，需要人来执行的，人来操作。人是有感情、有思想、有需求的，所以，管理者在执行制度时必须"以人为本"，从尊重员工和爱护员工的角度出发。

　　人性化管理是现代化管理的必然要求，在制度中注入人性化因子，管理才具有生机和活力。管理者在处理公司事宜时，必须一视同仁。不能因为亲疏关系有所偏颇，也不能依据功劳大小而尺度不一。如果对某人从轻处理，或者对某人处罚过重，管理者在员工中的威信就会减弱，就不利于企业的稳定和发展。但是，制度不能成为对员工冷漠的借口。管理者在执行制度时，要充分考虑员工的情绪，对员工以足够的尊重和关爱，在制度允许的范围内给员工以帮助。

　　ＧＥ公司的前任总裁雷杰·Ｈ·琼斯，曾在公司直属的一家企业做主管。某天，琼斯巡视产线时，发现有一位员工在睡觉。琼斯推了他好几下，他才醒来。员工双眼布满血丝，神情恍惚，按照生产部门制度，在工作时间睡觉是要记过处分的。琼斯叫来产线组长，给这位员工记了过。当产线组长准备批评员工时，琼斯拉住了他。他为员工批了半天假，让员工回去好好休息，又找来与该员工关系要好的人了解情况。

原来该员工的妻子出了车祸，他在家里要照顾妻子，还要照顾孩子，根本没时间休息。了解到这个情况之后，琼斯向人事管理部门申请让该员工带薪休假。琼斯的做法赢得了员工的赞赏和信任，他们在生活上和工作上出现问题都愿意去征求琼斯的意见。而琼斯的号召总能得到积极的响应，车间的生产效率不断提高。

琼斯既处罚了犯错的员工，维护了公司制度的权威性，又为员工解决了实际困难，体现了对员工的尊重。严格执行公司制度，并不意味着不讲人情，成功的管理者在一碗水端平的同时，还会充分考虑到人情世故。

赏罚分明可以鼓舞士气，尊重员工可以提高企业的凝聚力，成功的管理者都明白这个道理。在快速发展的企业，老板都会严格地约束员工的日常行为，但其公司氛围却轻松和谐，主要原因在于老板在铁面无私的同时，还有一颗火热的心。

◆ 制度考核要有连贯性、持续性

不少企业对待绩效考核时，往往有一个特点，那就是看老板的心情。老板发现公司生产效率有问题，一着急，就推出绩效考核，严抓员工的绩效。抓了一阵子绩效之后，老板发现公司生产效率提高了，效益提升了，心情大好，于是就放松了对员工绩效的要求，开始不太重视绩效。这就会造成绩效考核有一段没一段，员工对工作就难以持续保持高效率。

小周在一家私营公司做部门主管已经有三年了。老板以前不是很重视绩效考核，但依靠自己所拥有的资源，依然保持较快的发展速度。可是近几年，由于同行竞争越来越激烈，公司拥有的资源也失去了优势，加之公司长久以来给员工带来的优越感，使得大家对工作没有什么进取心。

一天，老板从财务那里得知公司的效益连续半年持续走低，顿时就产生了危机感。为了把这种危机感传达给员工，他宣布一个月后要进行考核，考核的标准比较多，员工对照这些标准，发现自己很多方面不达标，于是大家拼命地"补"，想顺利通过考核。

在一个月的考核中，大多数员工的业绩达标，大家都松了一口气，老板也从这次考核中找到了心理安慰。于是，在之后的半年中，考核中断了。半年之后，老板又决定考核，理由是他发现员工工作积极性不高。在这种有一次每一次的考核中，员工整天提心吊胆的，为了考核而弄虚作假的现象比较严重，考核带给员工的进步非常有限，对公司效益的提高也微乎其微。

其实，真正的考核不是突击检查，不是某一次考核，而是是一种长期坚持下来的管理模式，只有持续不断地考核，并根据员工在某一个持续的过程中的表现，对员工进行奖惩，考核才能真正发挥作用。

比如，某员工在多次考核中，一直保持较好的绩效，而且绩效呈现上升趋势，那么对于这样的员工，企业应该予以奖励。某员工在多次考核中，绩效一直平平，既没有大进步，也没有大退步，对于这样的员工，企业应该提醒员工提高绩效。

某员工在多次考核中，绩效一次不如一次，或大体上呈现下降趋势。这时候，老板应该主动与员工沟通，找出绩效下降的原因。如果绩效下降是因为员工工作态度不好，那么给予相应的处罚也不为过。

只有做到奖励先进，鞭策后进，才能在企业内部传达一种积极向上的工作风气，才能让企业拥有持续的战斗力。

◆ 制度的本质，是对一把手的制约

联想集团董事长柳传志认为，管理问题归根到底是管理者本人的问题，而不是被管理者的问题。许多老板也强调制度化管理，但是他们口中的制度化，仅仅是对员工的约束，从来不包括自己。

企业的制度能否很好地执行，关键在于一把手。企业的一把手是企业之舟的掌舵者，他的决策往往决定着轮船是驶向富庶的岛屿，还是沉没在冰冷的海底。因此，企业的一把手更应该遵守企业制度，成为企业制度的模范维护者。

企业制度应该具有最高权威，无论是谁都应该按照制度办事。当领导者个人意志与企业制度发生冲突时，个人意志应该无条件地服从公司制度。任何一个企业，领导者的行为都是员工学习、模仿的样板。领导者以身作则，才能在员工心目中树立权威。倘若企业的领导者不知道约束自己的行为，却总是对员工过分要求，员工势必会心生不满，这样下去，制度的执行也就成了走过场。

"善治人者能自治"，好的领导者总把自己看作企业的一部分，他们以公司制度严格要求自己，从而赢得了员工爱戴和追捧。华人首富李嘉诚就是这样一位"一把手"。李嘉诚自创业之初，就时刻以公司制度严格要求自己。他始终把自己当成公司的一名普通员工，出入公司，严格执行公司的门禁制度，主动到门卫室签到。虽然只是一件小事情，却可以从中看出李嘉诚对公司制度的绝对遵守。从业几十年，他总是第一个到公司办公，从来没有迟到早退过。长江集团的员工个个精神饱满，不能不说是得益于李嘉诚的榜样作用。

李嘉诚从不会利用权力，为自己谋求方便。李嘉诚老家的子侄辈总想到长江集团谋求生计，李嘉诚从来都是按公司规定办事，有能力的留下来，能力不够的走人。由于李嘉诚的以身作则，长江集团任人唯贤，几乎没有拉关系、走后门的现象。这就大大提高了长江集团的员工素质。

企业的领导者对制度的遵守，是企业管理走上正轨的关键。制度的本质就是对一把手的制约。企业制度一旦确立，就必须有绝对的权威，任何人不能凌驾于制度之上，任何人都必须在制度允许的范围内办事，尤其是"一把手"。

第十章　善于情感投资：利用情感换取员工的忠心

越是卓越的管理者越善于对员工进行感情投资，这样才能使员工感受到自己受到重视与关爱，感受到心灵的温暖，因而愿意踏实工作、尽己所能，充分发挥自己潜在的力量，为企业尽心尽力工作。

◆ 管人是管理之本，管心是管人之本

有人说，一个日本人是一条虫，三个日本人是一条龙。这种说法虽然有些夸张，但用来形容日本人忠于企业、忠于团队还是比较贴切的。在日本，很多企业把公司当成家，视企业如生命，与同事能够精诚合作，当企业遇到困难时，大家抱成一团，共同克服危机。

为什么日本人能做到这些呢？其实，这与日本的企业管理哲学有很大的关系，日本企业推崇以人为本的管理哲学，各大公司对员工普遍实行终身雇佣制、年功序列制、企业内工会等制度，把员工的利益和企业的利益捆绑在一起。试问，为公司创造利润，就是为自己创造利益，谁不愿意努力工作呢？

以人为本的管理哲学，主要体现于管人管心，那就是充分尊重员工，把员工当作企业最重要的资源，根据员工的能力、特长、兴趣、心理状况等综合情况，给员工安排最合适的工作，并在工作中充分考虑员工的成长和价值。这样就能很好地调动员工的工作积极性、主动性和创造性，从而提高了工作效率，为企业创造了利润，为企业发展做出了最大的贡献。与此同时，员工的价值得以体现，需求得以满足，员工才会真心真意地拥护企业。

著名人力资源专家李诚多次在培训课程中告诉创业者："管人管事不如管心。"他认为，企业如果单纯地用管理学来管人，是很难取得理想效果的，还需要用心理学进行干预。在他看来，管心是根本，管心的目的是激发团队的潜能，提升大家的心智，为企业创

造更高的利润。

李诚把员工分为四类：一类是经济人，即需要金钱满足，因为现代人生活压力太大了。二类是社会人，即追求信任和理解，在公司工作追求开心；三类人追求自我实现，他们有很好的人生观、价值观，只想利用工作这个平台实现自我的价值；四类是复杂人，即全方位追求自我，也可以说是前三种需求的综合体。

要想管好这些人，唯有从心灵入手，帮他们做出与企业发展相统一的职业规划，让他们既能赚到钱，又能快乐地工作，还能实现自我的价值。在这个规划中，要倡导终身雇佣，倡导自我学习和提高，倡导平等竞争的理念，让员工和企业一同成长和发展。

对企业管理者而言，只有管住了人，才能把企业管理好，因为企业是由人构成的，企业发展靠的是人。而要管住人，最好的办法是管住人的心，即要采用以人为本的策略，真正赢得人心。这就要求管理者有识人心的能力。

俗话说："画龙画虎难画骨，知人知面不知心。"要想读懂人心，就要掌握心理学技巧和攻心方法，懂得感情投资。作为管理者，要做有心人，也许从下属一个无意识的动作、一句不经意的话语中，你就能看出其内心的本意。然后，针对员工的本意，采取最贴心的关怀、最有力的说服、最动情的激励。只有这样，才能激发员工沉睡的潜能，让员工变得更有效率，让业绩有更大的提升。

作为一个公司的管理者，你必须十分明白企业发展的长远目标，了解市场的需要，并明白每个员工的工作情形。管理者要在适当的时候，做出明确果断的决定，不可受任何人情因素的蒙蔽，如此方能成功。

◆ 管理之道，在于把握员工的心声

　　员工在公司工作，他们除了每周五天、每天朝九晚五地上班下班之外，内心会有什么想法呢？他们对公司满意吗？他们对公司还有哪些期盼？他们对公司的管理有什么意见和建议？对此，作为管理者，你是否试图去了解过呢？只有主动去了解，你才能把握员工的思想动态和心声，才能有的放矢地管理企业。在这方面，沃尔玛集团的创始人萨姆·沃尔顿做得十分到位。

　　"你在想些什么？""你最关心什么？"这是萨姆·沃尔顿在视察分店时，经常向员工提到的问题。在视察的过程中，沃尔顿经常与基层员工沟通，通过聊天了解他们的需要和困难，以此把握员工的心声。

　　据一位沃尔玛公司的职员回忆："我们盼望董事长来商店参观时的感觉，就像等待一位伟大的运动员、电影明星或政府首脑一样。但他一走进商店，我们原先那种敬畏的心情立即就被一种亲密感受所取代。他以自己的平易近人把笼罩在他身上的那种传奇和神秘色彩一扫而光。参观结束后，商店里的每一个人都清楚，他对我们所做的贡献怀有感激之情，不管那些贡献是多么微不足道。每个员工都似乎感到了自身的重要性。这几乎就像老朋友来看你一样。"

　　萨姆·沃尔顿曾在一篇文章中写过这样一句话："我们都是人，都有不同的长处和短处。因此，真诚的帮助加上很大程度的理解和交流，一定会帮助我们取得胜利。记住，老板必须总是把员工放在他们自己的前面。如果你能做到这一点，你的事业将会一帆风顺。"

　　俗话说："人生不如意事十之八九。"员工除了在工作上会遇到困难之外，在生活上是否有苦恼呢？作为管理者，一定要认识到：员工发牢骚、吐苦水是很常见的事情，不要以为员工表达不满，就表示对公司甚至对你个人有成见，是不爱公司的表现。

恰恰相反，员工爱公司、把公司当家，才会抱怨公司的不足，才愿意指出公司的弊病，他们这样做无外乎让领导者重视这些问题，想办法改变不良的现状。而且通过员工的抱怨、不满、意见或建议。你还可以意识到其他人也有这样的感受。如此一来，你就能很好地把握员工们的心声，这对管理企业、带领团队是十分有益的。

可见，管理者不能对员工的抱怨充耳不闻，对员工的意见和建议置之不理，更不能对这类员工产生偏见。而应该像萨姆·沃尔顿那样，主动放低姿态，走近员工，与员工心贴心地沟通，了解他们的所思所想，了解他们的需求和困难，这样才能体现企业对员工们的人性化关怀，使员工感受到被尊重、被重视，从而激发员工的工作积极性。

在企业日常管理中，领导者与员工沟通是最常见的管理行为。同样的沟通，语气不同，沟通的效果也别有洞天。

不要以为自己是领导者，就表现得高高在上、颐指气使，就用强硬的命令压制你的员工。要知道，每个员工都有自尊，他们希望被领导者平等相待。如果你忽视员工的这层心理，采用命令的口气与他们沟通，要求他们去做事，他们最多只是把事情做完。但如果你采用商量的口气、建议的口吻与下属沟通，下属往往会把事情做好。

"做完"和"做好"，一字之差，执行效果也许相差甚远，做完只是基本的完成，充其量是合格。做好则是做到位、做圆满，让你无可挑剔，可以称得上是"优质"。试问，你希望下属给你怎样的执行效果呢？

人是情感动物，而不是机器，人会有情绪、有感受、有自尊心，而机器没有。当你向机器下达命令时，你要做的就是用力地按下某个按钮，而当你向员工下达命令时，如果你语气"重"了，就容易使员工感受到压迫感，他们会本能地抗拒。如果你轻声一点，多一点协商，多一点建议，他们就会舒服地接受命令，做到你想要的效果。

美国管理专家帕特里克·兰西奥尼曾说过："企业中无穷无尽的管理危机，往往并不是表面上的战略失误、营销不利、竞争威胁、技术开发上的不智决策等等所致，而是管理者犯了一些基本的但是又没有引起正视的错误，才导致危机的爆发。"其实，命令性的口吻和语气，就是一个基本的但是又没有被引起正视的错误，它是造成管理危机的一个导火索。

这是发生在某大型企业的一件事：

一天，总裁先生回办公室取东西，走到门口时，突然意识到自己没有带钥匙。这个时候，他的秘书早已下班。他给秘书打电话，但是秘书没有及时接听。他感到非常气愤，于是不停地拨打对方的电话，终于，秘书接听电话了。

在电话中，总裁带着满腔的怒火斥责对方，并命令道："你给我马上来公司，我在这里等你开门。"面对总裁的要求，秘书当即反驳道："我凭什么去公司？我已经下班了，我不再受你的指使，你没有资格对我吼叫……"第二天，秘书来到公司人事部，要求办理离职手续。

日本松下电器公司的创始人松下幸之助曾表示："不论是企业或团体的领导者，要使属下高高兴兴，自动自发地做事，我认为最重要的，要在用人和被用人之间，建立双向的，也就是精神与精神，心与心的契合、沟通。"在他看来，精神与精神、心与心的平等沟通十分重要，要做到这一点，最好就是用建议和商量的口吻和下属沟通。

◆ 通过场面话消除员工疑虑

哈默 1898 年出生于美国纽约市。18 岁那年，哈默接管了父亲的制药厂，当上了老板。由于管理有方，他的制药厂生意十分兴隆，收入也大幅度增加。几年之后，22 岁的哈默就成了百万富翁。

1921 年，他听说前苏联实行新经济政策，鼓励吸引外资，就打算去前苏联做笔买卖来大赚一笔，他想，目前最需要的是得到足够的粮食，以解决饥荒。而这时的美国，粮食正值大丰收，农民们宁肯把粮食烧掉，也不愿以低价将粮食送往市场去出售。而刚建国不久的前苏联有的是美国人梦寐以求的毛皮、白金、绿宝石，如果让双方做个交换，自己做个中介，岂不是可以大捞一笔？哈默打定了主意，于是就到了苏联。

哈默到达莫斯科后，就通过外交手段要会见列宁。第二天上午，哈默就被召到列宁的办公室里。列宁和哈默进行了亲切的交谈，粮食问题很快就达成协议。

接着，列宁对哈默说："哈默先生，我希望你能在苏联投资，经营企业。"

哈默听了，沉默不语，为什么呢？因为，当时正值社会主义刚刚建立起来，哈默是资本主义国家的人，资本主义国家对前苏联所实行的新经济政策有很深的偏见，许多西方国家的人将前苏联的政策看成是可怕的怪物。因此，他们把到前苏联经商、投资办企业，称为"到月球去探险"。

列宁一看哈默沉默不语，就明白了哈默的心事。于是便说："哈默先生，您对我们的新经济政策是否有些成见？"

哈默没有吱声。列宁接着又说："我们的新经济政策要求重新开发我们的经济潜能。我们希望建立一种给外国人以工、商业承租权的制度来加速我们的经济发展。你们出钱、出技术力量，而我国则出劳动力，这样，对双方都有好处。"

哈默说："原来如此。"经过一番交谈，哈默弄清了苏维埃政权的性质和前苏联吸引外资办企业的平等互利原则，便很想大干一番。但是说着说着，他又动摇起来，想打退堂鼓。

于是，列宁又问："先生还有什么其他问题吗？"

哈默说："我是资本主义国家的商人，我们强调私有权不可侵犯，而贵国是社会主义国家，实行公有制，这两种不同背景的制度可能会发生碰撞，我担心贵国的政府机关及其工作人员会办事拖拉。"

列宁笑着告诉他："我们现在最大的祸害之一——官僚主义，可能让你担心，但我打算指定一两个人组成特别委员会，全权处理这些事务，他们会向你提供任何你所需要的合法帮助，你们不会受到任何机关的无理阻挠。"

哈默点了点头，但眼神中还是流露出某种担心。

列宁看到了，就索性把话说得一清二楚："我明白先生的想法，我们会确定一些条件，来保证你们作为承租人一方有利可图。任何一个国家的商人都不是慈善家，都要求资本的回报，不然的话，只有傻瓜才会投资。"

由于列宁对哈默的一连串疑虑，像剥竹笋般逐个加以解释，没过多久，哈默便成了第一个在前苏联投资并获得贸易特许权的商人。

在上面这个事例中，哈默先生出于一位商人的敏感，对采取新经济政策的前苏联存有种种的疑虑。而列宁，为了说服哈默先生在前苏联投资，以加快国民经济的发展，便逐个解除了哈默先生的种种疑虑，最终说服他在前苏联投资兴办企业，并由此吸引了不少其他国家的商人纷纷来苏投资。

领导者要想说服别人接受你的观点、见解、意见和主张，可由表层逐步深入实质，由外围步步逼近核心，就像剥竹笋一样，剥去一层，又剥一层，引导被说服者由不理解、不同意、到一步一步地走向理解同意。

◆ 视下属为朋友

每一个公司，其实就是一个小社会。人与人之间的关系，可以很复杂，也可以很单纯。作为这个大家庭一分子的你，如何表现自己，与自己喜欢或不喜欢的人融洽相处，达到真正的沟通。

一般人似乎都很容易把注意力集中在与上司相处的技巧上，对于那些职位比自己低微的同事，则肆意责骂，把自己心中的闷气全然发泄在对方的身上。动辄就表现出不耐烦的表情，发号施令，根本没有考虑到对方的感受。你是否也曾有过这种过失？抑或你曾身受其害，很清楚被人随意指使，无理取闹的委屈？一个在办公室里旗开得胜，威风八面的人，他的心中不会存在等级观念，他懂得人人生而平等的道理。就算自己的职位比别人高，也不敢恣意妄为。须知风水轮流转，尊重别人，是自重的第一步。

无疑，你的下属有责任助你完成工作，事无大小，你都可以交给他处理。但你如果能将一些较烦琐而困难的工作，独自完成妥当，让下属有更充裕的时间做好其分内的事务，对方必然感激不尽，对你更忠心。上司与下属的关系，唯有以互助互谅为基础，合作无间，工作才会变得轻松而富有意义。

视下属如知己良朋，而不是自己的奴仆。时而征询对方的意见，接受对方的批评，力求消除彼此心中的隔阂，如此，对方做起事来，必然格外卖力。

表现出色的你，刚刚获得升职，而且公司新聘了一个助手给你。不过，千万别以为助手是你的"马仔"，把他看作朋友，大家合作起来就更得心应手。

他既是初来乍到，对公司的一切都陌生，那么你必须给他一定程度的帮助。例如，处处指点他，使他早日适应环境，利用你的经验，解决他的疑难，或者在工作之余跟他多谈谈公司里的工作程序和其他小事，免得他四处碰壁。

不要忘记让他参与所有跟他有关的会议，让他多了解公司的业务和同事们的工作情况，也让他多发表意见。这样，既可以使他建立起信心，你也可获悉其心思。

当他初次工作时，多提醒他，多给他时间去了解、消化，然后才进行，不妨多解释几遍有关工作会遇到的问题。

不过别把公司的政策过分吐露，形成无形的压力。试问在战战兢兢的情况下，又有谁能做出满意的业绩呢？

还有很重要的一点，就是别吝啬适当的鼓励。

许多女秘书都比较愿意为男上司效劳，因为她们觉得女上司爱鸡蛋里挑骨头。还有，大家都是女人，应该有同等的权利，所以无形中对女上司有一种排斥心态。

假如你是一位女上司，面对这种秘书小姐，请花多点时间去思考。不要总以自己的标准去要求对方，即使你经常自愿超时工作，也不应强迫对方跟随你。就待她如工作的伙伴、在适当时候赞赏她，间或请她吃午饭，以表示你欣赏她的工作态度和多谢她的合作。

切记不要请她为你做私人事情，但一些秘书事务可不能忽视，如打字、簿记、入档案等。避免过分控制她的工作方式，只要她能如期替你做好一切，使你无后顾之忧，就够理想了。

此外，在对方的私事上也要多注意一些。例如对方病了，买了新衣服，换了化妆品等等，别忘记问候或赞赏她。这样，你们之间就不仅仅是上下关系，还更像朋友一样友好。

作为管理者，把下属当作朋友，下属会觉得受到重视、尊重，做起事来必然会格外卖力，这样大家合作起来就会更加得心应手。

◆ 对下属多进行感情投资

讲究情义是人性的一大弱点，中国人尤其如此。"生当陨首，死当结草"、"女为悦己者容，士为知己者死"，无一不是"感情效应"的结果。为官者大都深知其中的奥妙，不失时机地付出廉价的感情投资，对于拉拢和控制部下往往能收到异乎寻常的效果。

韩非子在讲到驭臣之术时，只说到赏罚两个方面，这自然是最主要的手段，但却很不够，有时两句动情的话语，几滴伤心的眼泪往往比高官厚禄更能打动人。因此，感情投资，可谓一本万利，是一种最为高明的统治术。

富有人情味的上司必能获得下属的衷心拥戴。

吴起是战国时期著名的军事家，他在担任魏军统帅时，与士卒同甘共苦，深受下层士兵的拥戴。当然，吴起这样做的目的是要让士兵在战场上为他卖命，多打胜仗。他的战功大了，爵禄自然也就高了。

有一次，一个士兵身上长了个脓疮，作为一军统帅的吴起，竟然亲自用嘴为士兵吸吮脓血，全军上下无不感动，而这个士兵的母亲得知这个消息时却哭了。有人奇怪地问道："你的儿子不过是小小的兵卒，将军亲自为他吸脓疮，你为什么倒哭呢？你儿子能得到将军的厚爱，这是你家的福分哪！"这位母亲哭诉道："这哪里是爱我的儿子呀，分明是让我儿子为他卖命。想当初吴将军也曾为孩子的父亲吸脓血，结果打仗时，他父亲格外卖力，冲锋在前，终于战死沙场；现在他又这样对待我的儿子，看来这孩子也活不长了！"

人非草木，孰能无情，有了这样"爱兵如子"的统帅，部下能不尽心竭力，效命疆场吗？

吴起绝不是一个通人情、重感情的人，他为了谋取功名，背井离乡，母亲死了，他也不还乡安葬；他本来娶了齐国的女子为妻，为了能当上鲁国统帅，竟杀死了自己的妻子，以消除鲁国国君的怀疑。所以史书说他是个残忍之人。可就是这么一个人，对士兵却关怀备至，像吸脓吮血的事，父子之间都很难做到，他却一而再，再而三地去干，难道他真的是独独钟情于士兵，视兵如子吗？自然不是，他这么做的唯一目的是要让士兵在战场上为他卖命。这倒真应了那一句名言："世界上没有无缘无故的爱。"

作为上级，只有和下级搞好关系，赢得下级的拥戴，才能调动起下级的积极性，从而促使他们尽心尽力地工作。俗话说："将心比心"，你想要别人怎样对待自己，那么自己就要先怎样对待别人，只有先付出爱和真情，才能收到一呼百应的效果。

日本著名的企业家松下幸之助就是一个注重感情投资的人，他曾说过："最失败的领导，就是那种员工一看见你，就像鱼一样没命地逃开的领导。"他每次看见辛勤工作的员工，都要亲自上前为其沏上一杯茶，并充满感激地说："太感谢了，你辛苦了，请喝杯茶吧！"正因为在这些小事上，松下幸之助都不忘记表达出对下级的爱和关怀，所以他获得了员工们一致的拥戴，他们都心甘情愿地为他效力。

公元 742 年，唐玄宗连下三道诏书，征召大名鼎鼎的诗人李白入京。李白这一年 43 岁，他毕生都向往着建功立业，以为这一回总算可以大展宏图了，于是，意气风发地来到了长安。唐玄宗在大明宫召见了他。

封建时代，皇帝召见大臣，气派是十分尊严的，他端坐御座之上，居高临下，而臣下则要一路小跑至他的膝下，行三跪九叩大礼，俯首称臣。而唐玄宗这一次召见李白，这一切森严的礼仪全都免除，他亲自坐着步辇（一种由人抬的代步工具）前来迎接。当李白到来时，他从步辇上下来，大步迎了上去；迎入大殿之后，又以镶嵌着各种名贵宝石的食案盛了各种珍馐佳肴来招待李白，大约是怕所上的一道汤太热，会烫着李白，唐玄宗竟然御手亲自以汤匙调羹，赐给李白，并对他说："卿是一个普通读书人，可你的大名居然传到我的耳中，若不是你有着超凡的诗才，怎么能做到这一点？"

接着又赐他一匹天马驹，宫中的宴会，鸾驾的巡游，都让李白陪侍左右。

一个普通的诗人，无官无职，能够得到皇帝的召见，赐宴，已是非常的礼遇了，而降辇步迎，御手调羹，更是旷古的隆恩。虽然李白这一次来长安，在仕途上并没有多大发展，最后还被客客气气地赶出了长安，但唐玄宗的这一次接见，却在李白心中留下了永不磨灭的印象，使他终身引以为豪，至死都念念不忘。

民国年间，袁世凯在统御部下方面也很注重感情投资。

早在小站练兵时期，他就从天津武备学堂物色了一批军事人才。其中最著名的有三个人：段祺瑞、冯国璋、王士珍。后来都成了北洋系统中叱咤风云的人物。袁世凯为了让他们对自己感恩戴德，供其利用可谓煞费苦心。

袁世凯在创办新军时，相继成立了三个协（旅），在选任协统时，他宣布采用考试的办法，每次只取一人。

第一次，王士珍考取。

第二次，冯国璋考取。

从柏林深造回国的段祺瑞，自认为学问不凡，却连续两次没有考取，对段来说，只有最后一次机会了。第三次考试前，他十分紧张，担心再考不上，就要屈居人下，心中十分不快。

第三次考试前一天的晚上，正当段祺瑞闷闷不乐地坐着发呆时，忽然传令官来找他说是袁大人叫他去。段祺瑞不敢怠慢，立即前往帅府，晋见袁世凯。袁世凯令他坐下，东拉西扯，说了些不着边际的话。临走，袁世凯塞给段祺瑞一张纸条，段祺瑞心中的纳闷，这纸条是什么呢？又不敢当面拆开看。急忙回到家中，打开一看，不觉大喜，原来是这次考试的试题。

段祺瑞连夜准备，第二天考试时，胸有成竹，考试结果一出来，果然高中第一名，当了第三协的协统。

段祺瑞深感袁世凯是个伯乐，对于自己有知遇之恩，决心终身相报。

后来，段祺瑞、冯国璋、王士珍都成了北洋军阀政府的要人。段祺瑞谈起当年袁世凯帮他渡过难关的事，仍感恩不尽，谁知冯国璋、王士珍听了，不觉大笑，原来王、冯二人考试时也得到过袁世凯给的这样的纸条。

袁世凯这种办法，既可以使提拔的将士报恩，又能使没升官的将士心服口服，便于统率，还给被提拔者创造了很高的声誉。由此可见，袁世凯在玩弄权术上是个高手。

第十一章 完美激励：点燃激情，带出一支狼性团队

激励就是通过一定刺激促使某种思想、愿望和行为产生的心理过程，它使员工为实现目标而产生的行为处于积极状态，表现为高昂的情绪，坚定的意志，冲天的干劲。激励的实质便是调动员工创造性和积极性、主动性，使他们始终保持高度的工作热情。激励的过程就是激发员工内在的动力和需求，从而使他们奋发努力工作去实现组织既定的目标和任务。

◆ 领导的示范更具激励作用

领导除了权威性以外，还要具有先锋模范作用，领导者在关键的时候往往会成为众心所向、众望所归的人，其一举一动都起着发号施令的作用。

春秋时期晋国赵氏的领袖赵简子亲自统率三军讨伐卫国，但是到了发动进攻的时候，他自己却躲在了屏障和盾牌后面。赵简子击鼓进军，但是士兵们发现自己的主帅不见了，便站在原地一动也不动。

赵简子扔下鼓槌，感叹道："哎！士兵变坏竟然快到了这种地步。"

行令官烛过听到了赵简子的叹息后，摘下头盔，横拿着戈，走到他面前说："这只不过是您有些地方没有做到罢了，士兵们并没有什么不好的！"

赵简子一听这话，勃然大怒，拔出剑架在烛过的脖子上，说："我不委派他人而亲自统率大军，而你却当面说我有些地方没有做到。你说，我哪些地方没有做到？要是有理便罢，没理就治你死罪！"

烛过面无惧色地回答道："先君献公，即位五年就兼并了19个国家，用的就是这样的士卒。惠公在位两年，纵情声色，残暴傲慢，而秦国袭击我国，晋军溃逃到离国都只有70里的地方，用的也是这样的士卒。文公即位三年，以勇武砥砺士卒，所以三年以后，士卒都变得非常坚毅果敢。结果文公在城濮之战中大败楚军，围困卫国，夺取曹国，安定周天子，名扬天下，成为天下霸主，用的也是这样的士卒。所以我说您只不过是有些地方没有做到罢了，士兵们有什么不好呢？"

赵简子恍然大悟，撤下剑说："哦，多谢您的指教，我明白了自己有哪些地方没有做到。"于是离开了屏障和盾牌，站到了弓箭的射程之内，结果只击鼓一次，士兵们便攻上了城墙，战斗大获全胜。

战斗结束后，赵简子重赏了烛过。他感叹道："兵车千辆不如烛过的一言！"

由此可见，示范是一种直观的、现实的、可供仿效的形象教育，它可以起到言行一致的导向作用。从根本上说，领导者影响被领导者的过程也是如此。企业中高层管理者运用自己的示范作用这个明亮的窗口，被领导者就能从领导者的示范作用中学到如何处理一些问题，坚定不移地朝着远大目标，劈波斩浪，奋力前行。

◆ 激励，要因时因人而异

由于不同员工的需求不同，所以，相同的激励政策起到的激励效果也会不尽相同。由于激励取决于内因，是员工的主观感受，所以，激励要因人而异。在制定和实施激励政策时，首先要调查清楚每个员工真正需求的是什么，并将这些需求整理归类，然后制定相应的激励政策，帮助员工满足这些需求。

对症下药地针对不同的员工制订不同的激励计划，采取不同的激励手段。一些管理者老是抱怨："我寻找不到始终充满激情与动力的员工。有时候，招聘来的员工在开始工作时热情高涨，但是，过了几个月后，这些员工的工作热情与动力就会逐渐消失。"

某公司的管理者吉姆采取了许多提高员工工作动力的方法，他使用过赞扬、奖状、为员工提供更多的休息时间、比萨派对，甚至用现金作为奖励。虽然吉姆煞费苦心，但是员工并不买他的账，员工并没有因为他的奖励而提高工作动力。为什么会这样呢？因为他犯了激励管理中的一个通病：没有因人而异地激发员工的动力。

最后，吉姆不得不与所有员工面对面地沟通，询问每个员工希望从工作中获得什么。他非常认真仔细地调查研究，最后确定每个员工在工作中寻找到的最有意义的动力源泉。

他与四位员工沟通交流后，得到了三种答案。

一名员工希望自己在工作过程中，不断地提高自己的服务水平，成为服务水平最高的员工。这是她辛勤工作的最大动力，其他两位员工说，如果有自主决定工作方式的权力，他们才会感觉到自己在工作中的地位与作用；另外一名员工不仅喜欢自己从事的工作，还喜欢与工作有关的社交活动。吉姆在收集了各种信息后，就对症下药地针对不同的员工制订不同的激励计划，采取不同的激励手段，现在，他所领导的团队具有非常高的工作动力与热情。

即便是同一位员工，在不同的时间或环境下，也会有不同的需求。也许这段时间他意志消沉，需要得到别人的认可，那么作为管理者，就要不失时机地对他加以表扬，使他获得工作上被认可的喜悦。

激励，不能"一锅端"。否则，非但达不到预期效果，还有可能事与愿违。有针对性的激励，才是上上之策。

◆ 奖励能激发员工的新思维

奖励是一种激励的手段，奖励使所有员工在工作绩效的问题上有了一个最基本的共识：良好的工作绩效会赢得一个美好的生活。需要指出的是，奖励只是为管理者提供有效的肥料，要让花园繁茂起来，还需要管理者多掌握一些奖励的艺术或绝招。

日本有一家公司叫狮子，主要生产经营洗涤、化妆品等。其销售额每年达 28.9 亿美元，利润 4000 万美元，拥有资产 25.5 亿美元，员工 5000 人。在全球最大的 500 家工业企业中，它的位置是第 483 位。

狮子公司在经营上有什么诀窍吗？请看下面两则故事：

第一个故事是关于牙刷的。

有个叫加藤信三的员工是个急性子，别的不说了，就说早起刷牙吧，为了赶时间，总是粗粗地刷几下就了事。可是越着急越出事，每次刷了牙以后，牙龈就出血，还得一个劲地漱口。别看加藤信三干什么都猴急猴急的，但却很爱思考问题。为什么刷牙后会出血呢？如果是我的牙龈有问题，但为什么许多人都出血呢？他思来想去，突然一拍脑门：哎呀，是不是牙刷有问题呀？他拿出放大镜，仔细观察牙刷的毛，猛地发现，牙刷毛顶端是四方的，很不圆滑，而有的就像刺儿一样，它不把牙龈"扎"出血才怪呢。于是，加藤信三就向领导建议：公司应该把牙刷毛顶端改成圆形。

一个小小的建议，让狮子牙刷很快占领了日本 40% 的市场，在国外也大受欢迎。当然，加藤信三也因为自己的好建议得以加薪晋职。

第二个故事是关于牙膏的。

一次，总裁召集会议，大家对公司的牙膏销售不旺感到烦恼。其实，大家也想出了不少主意，但都站不住脚。难道就没有一个办法可行吗？这时，一个年轻的经理站起来说："我手中有张纸，纸里有一个建议，若您采纳我的建议，我们的产品销量肯定能上去，但必须得另付我……"他开出了一个很高的价钱。"公司每个月都支付你薪水，你还另要钱，是不是太过分了？"大家异口同声地发出指责。总裁也有点生气了。这个年轻的经理却对总裁说："总裁先生，如果我的建议行不通，您可以把它丢掉，一毛钱也不必付。"总裁接过那张纸，阅毕，马上如数签了一张支票给那位年轻的经理。大家傻眼了！怎么，一张纸就值那么多钱？它上面有什么好点子呢？那张纸上只写了一句话：将现有的牙膏口扩大1毫米。大家嘲笑起来，这叫什么建议？一分钱也不值。总裁这回眉开眼笑了："诸位好好算一算，每天早上，每个消费者多用1毫米的牙膏，每天的牙膏消费量将多出多少倍呀！"

在大家还在计算的时候，总裁已经下令更换新的包装了。这个决定，使该公司这一年的营业额增加了32%。

综上所述，有效的奖励应该越快越好，如果一个人有什么值得奖励的表现，你就应该尽快地奖励他，让他明白你希望他继续那样做，假如你过了一星期或一个月才去奖励他的话，效果自然就会降低。对好的、合理的建议提出者一定要给予奖励，而且奖励要及时，否则就不能达到最好效果。舍不得"二两银子"和总是把奖励等到"秋后"再算的领导是短视的。

◆ 赞美是不花钱又暖心的奖励

马克·吐温说过，听到一句得体的称赞，能使他陶醉两个月。现实生活中，每个人内心都希望自己的努力被别人看见，自己的成绩被人肯定。我们自己渴望得到赞扬，那么也不要忽略赞扬别人。

绩效管理顾问艾伦曾为美国陆军部训练军官，谈起那次训练，他说了以下这个故事：

在上课的军官当中，有位上校对于激励技巧的使用颇不以为然。在训练课程结束之后大约一个星期，那位上校负责一份重要的简报，由于他做得十分出色，他的上司——一位将军想要赞美他。将军找了一张黄色的图画纸，把它折成一张精美的卡片，外边写上"太棒了！"里边则写了些奖励的话，然后召见他，当面称赞他，并把那张卡片交给了他。

上校把卡片拿在手中读了一遍，读完之后僵直地站在那里愣了一会儿，然后头也不抬地走出了办公室。

将军有点莫明其妙，心想：是不是我做错了什么。心中不安的将军尾随上校出来看看，结果，让他感到美妙的是上校到每个办公室都去转了一圈，向人炫耀他那张卡片。

故事还没完，那位上校此后把这招运用得比将军还好，他为自己专门设计印刷了一批用来赞美别人的专用卡片。

众所周知，金钱是激发员工积极性的有力工具。但有一种更为直接、有效的方式，那就是来自管理者的认可和赞美。因为它能唤起员工的荣誉感、责任感和自尊心。所谓"士为知己者死"，管理者的一句话，便能激起员工的无限潜能。这种用人之术是"成本相当低廉"的投资，花费最少、管理最大，管理者何乐而不为呢？

◆ 施加危机感，激发团队生命活力

在竞争日趋激烈的今天，企业每时每刻都有生存的危机，市场、竞争对手、技术水平、替代产品、政策和法律环境等外部因素在不断变化，企业内部因素也在不断更替，这使企业时刻处在危机之中。而危机的不可预见性和破坏性，足可以使一个原本很有竞争力的企业突然死亡。企业的危机可能源起于从生产到营销、从人员到物质的任何一个点上，产品、创新、销售、人事、财务、公关——任何一个环节上的滞后与失误，都可能引发一场深刻的危机。这要求企业要有生于忧患的危机意识。即使企业的生存发展一直比较顺利，但企业的危机感一点也不能少。比尔·盖茨经常告诫他的员工"微软离破产永远只有 18 个月"。应该不时提醒你的员工，企业可能会倒闭，他们可能会失去工作。这种危机意识会催促员工们更加努力地工作，当员工战胜他们面临的挑战时，他们就会更加自信，为企业做出更大的贡献。成为对企业有所贡献者，是工作稳定的唯一途径。

太过稳定的环境对企业来说是非常有害的，不但麻痹员工的斗志还会影响员工的工作绩效，太过稳定的环境会使员工对工作抱无所谓的态度，认为稳定的工作是应该的，这不仅会对公司造成损失，对个人贻害更深，如果对自己的工作不负责，就不会去学习如何应变。那么当变化不可避免时，这些人就束手无策，坐以待毙，这才是真正的危险。

要打破这种无所谓文化，或调动员工对工作的积极性，就得在风险与稳定之间建立适当的平衡点。如果人们觉察不到危机感，就必须创造一种环境，让他们产生不稳定感，不能让他们麻木不仁。心理学规律表明，随着焦虑程度的加深，人的业绩也会提高。当焦虑度达到一个理想水平时，业绩也会随之达到最高点。

研究表明，当人们面临适当的挑战时，其能力会发挥得最好，追求目标的动力也最大。人们肩负着足够的风险，珍惜自己的努力所得。这是一种富于成效的状态，而这点恰好使他们能获得满意的结果。

1974 年在石油危机的冲击下，日立公司和其他公司一样，在经济上遭到很大的损失，在这种情况下，日立公司采用了"激将法"。

首先，他们施用"精神刺激法"，让工人们"暂时回家待命"。对公司来说，这样也不会有多大的节约。但日立公司认为：在生产任务不足的情况下，与其让全体工人在工厂里拖拖拉拉地只干 70%—80% 的活，还不如让大部分工人回家待命，这样更有利于保持工人饱满的劳动热情。同时，离厂回家待命能使职工有一定的危机感，有利于刺激职工产生紧迫感。其次，按"救灾式管理法"调整管理干部的工资。1975 年 1 月，日立公司对 4000 名管理干部实行了削减工资的措施，其中董事长、总经理、副总经理减薪 15%；高级干部、理事减薪 10%；参赞、参事、参事助理减薪 7%，副参事减薪 5%，从而加深了管理干部的危机感。

1975 年 4 月，日立公司又将新录用的工人上班日期推迟了 20 天，促使新职工从一开始就产生紧迫感，并让其他老职工产生危机感。

由于采取了这些措施，有力地促使了职工奋发努力，使该公司的"恢复情况比其他公司快"。

当人们面临适当的挑战时，其能力会发挥得最好，追求目标的动力也最大。人们肩负着足够的风险，珍惜自己的努力所得。所以，对于管理者来说，就应该学会进行危机管理的激励。

第十二章　制造梦想：指引和帮助员工为实现梦想而努力

　　作为团队领导人，在和成员一起制定了共同的目标和路线后，还需要给团队树立一个共同的愿景，用以激发团队成员的内在驱动力，维持团队的持久战斗力。

◆ 领导者就是善于煮"石头汤"的人

这是一个流传于法国民间的故事：三个刚刚打完仗却没有找到大部队的士兵，疲惫地走在一条陌生的乡村小路上，他们又累又饿，已经一天多没有吃东西了。

当三个士兵看到一个村庄时，大家不觉兴奋起来，心想这下总算能找到吃的了。可是，村民们看到大兵的到来心存恐惧，而且仅有的一点食物还不足以填饱自家的肚皮，于是，他们慌忙回家将自己的食物藏了起来，当士兵找上门来时，村民们也装出可怜的饥饿样子。大兵们一无所获。

这时，一个饥肠辘辘的士兵想出了一个绝招。他向村民们宣布，要用石头做一锅鲜美的汤。好奇的村民们为他们准备好了木柴和大锅，士兵们真的开始用三块大圆石头煮汤了！望着滚上来的热水，士兵们一边舀了一勺放在了嘴里，一边大声地赞美道："啊！多么鲜美可口的石头汤呀！"看到在一旁观看的村民口水欲滴的样子，士兵又说道："当然，为了汤的味道更鲜美，还需要一点佐料，比如盐和胡椒什么的，您愿意帮忙吗？"为了品尝到鲜美的石头汤，一个村民欣然答应帮忙。之后，在士兵的引导下，村民们心甘情愿地从家中拿来了胡萝卜、卷心菜、土豆、牛肉等煮汤的物料，当然，一锅丰盛而鲜美的"石头汤"很快做了出来。为了给鲜汤配套，村民还从家中贡献出了面包和牛奶，大家愉快地享受了一顿美味大餐。

善于煮"石头汤"的人，能够将大家所期待的梦想，涂上华丽的色彩，经过他们的粉饰后，梦想就不再是微不足道、惹人发笑的小事，它变成了一个远大的理想和目标。管理者正是通过不停地编织一个个梦想的蓝图，鼓舞、吸引、凝聚他的团队，实现一个梦想又马不停蹄地奔向下一个梦想。所以，一位杰出的管理者，不仅自己要有梦想，还应该善于用梦想把员工紧紧地凝聚在一起，共同煮出一锅鲜美的"石头汤"。

◆ 用共同愿景凝聚团队精神

团队成员共同对团队的前景做一个美好的规划，以增加成员对团队发展的关注程度，可使成员将个人的职业生涯同团队的前途命运紧密联系。因为只有个人将团队的未来看作是自己的未来，把过去的为团队做事变成为自己做事，才可以真正提高做事效率并培养出对团队足够的忠诚度。

日本松下电器的创始人松下幸之助曾经讲到，中层经理一旦进入松下，就会被告知松下未来 20 年的愿景是什么。

首先告诉他松下是一个有愿景的企业；其次，给这些人以信心；第三，使他们能够根据整个企业未来的发展，制订自己的生涯规划，使个人生涯规划立足于企业的发展愿景。

在松下公司刚刚创业不久，松下幸之助就为所有的员工描述了公司一个 250 年的愿景，内容是这样的：

把 250 年分成 10 个时间段，第一个时间段就是 25 年，再分成 3 个时期：

第一期的 10 年是致力于建设；

第二期的 10 年是"活动时代"——继续建设，并努力活动；

第三期的 5 年是"贡献时代"——一边继续活动，一边用这些建设的设施和活动成果为社会做贡献。

第一时间段以后的 25 年，是下一代继续努力的时代，同样的建设、活动和贡献。从此一代一代相传下去，直到第 10 个时间段，也就是 250 年之后，世间将不再是贫穷的土地，而变成一片"繁荣富庶的乐土"。

就因为这一愿景，激发了所有人的激情和斗志，让所有人都誓死跟随他。

见过天上在飞的大雁吗？一群大雁在飞行的时候通常都是排成"人"字形或者"一"字形的，你有没有想过，这群大雁里面谁是领导呢？有人说是领头的那只。假设某天有个猎人将领头的大雁射了下来，你觉得大雁接下去会采取什么样的行动呢？是继续飞行还是一团乱麻？

实际上，大雁们会在失去领头雁的那一瞬间出现混乱，但是它们也会在非常短的时间内重新产生领头雁并且很快地恢复阵形继续飞行。

有人就在思考，为什么大雁可以如此从容地面对这么大的一件事故？其实原因就在于它们有一个共同的愿望，也就是我们所说的共同愿景。它们向往的那个非常舒适，能够给它们带来食物和美好环境的南方，这就是它们飞行的需求。

其实，在飞行过程中，不存在什么领导，它们愿意自发自觉地组成队列努力飞行，就是因为在它们心中的那个美好的未来。

同样的，什么才可以让员工们自发自觉地努力工作呢？答案也是愿景，他们所向往的美好未来。在这样一个美好未来的指引下，即使闪电击破长空，即使风雨交加，他们也愿意拼搏下去，只因为他们心中那一片极致美丽的愿景。

企业愿景，也称公司愿景。企业愿景又称企业远景，简称愿景，或称做远景、远见，在 20 世纪 90 年代盛行一时。所谓愿景，由组织内部的成员所制订，借由团队讨论，获得组织一致的共识，形成大家愿意全力以赴的未来方向。

所谓愿景管理，就是结合个人价值观与组织目的，通过开发愿景、瞄准愿景、落实愿景的三部曲，建立团队，迈向组织成功，促使组织力量极大化发挥。

愿景形成后，组织负责人应对内部成员做简单、扼要且明确的陈述，以激发内部士气，并应落实为组织目标和行动方案，具体推动。

一般而言，企业愿景大都具有前瞻性的计划或开创性的目标，作为企业发展的指引方针。在西方的管理论著中，许多杰出的企业大多具有一个特点，就是强调企业愿景的重要性。

因为唯有借助愿景，才能有效地培育与鼓舞组织内部所有人，激发个人潜能，激励员工竭尽所能，增加组织生产力，达到顾客满意度的目标。

愿景反映出管理者和员工对企业的期望。愿景是需要努力奋斗逐步实现的。现实中的企业存在诸多缺点，但愿景是对企业的理想化定义。具有前瞻性的愿景使员工都明白企业的未来和出路在何方，明白自己的努力方向是什么。

默克公司是美国著名的制药公司。1991 年，默克公司第四代领导人罗伊·魏吉罗说："最重要的是要记住，我们工作的成功意味着战胜疾病和协助人类。"

这一年，默克公司决定开发和捐赠"美迪善"这种药是给第三世界国家应对"盘尾丝虫病盲症"。这种病是由于大量的寄生虫在人体组织里游动，最后转移到眼睛，造成令人痛苦的失明。

第三世界国家上百万人感染了这种病，可是却买不起这种药。默克公司清楚地知道，这个计划毫无利润可图，却仍然推动这个计划。默克公司曾希望产品通过检验之后，政府或其他公益机构会购买这种药物，分发给病人。

但默克公司没这么幸运，于是他们干脆免费将这些药物赠送给需要的人，并且自行承担费用，直接组织人员分发药品，确保它们确实分给了真正需要的人。

默克公司为什么要推动这一计划？魏吉罗说："若不推动生产这种药品的话，可能会瓦解默克旗下科学家的士气——这些科学家服务的公司明确地认定是从事'挽救和改善生命'的事业。"

一个愿景要能够激励人心，就必须充满神奇色彩而不是平凡普通，要能够超越人们所设想的"常态"水准，体现出一定的英雄主义精神。因为每个人都为一种意义而活着，并追求自我的超越。

远大的组织愿景一旦能够实现，便意味着组织中个人的自我超越，也就是一种最高的自我实现。因此，愿景规划的真正意义在于，通过确立一种组织自我实现的愿景，将它转化为组织中每个人自我实现的愿景。而要达到"自我实现"，愿景必须宏伟。

在一部讲述罗马奴隶起义的电影《斯巴达克斯》中，斯巴达克斯在公元前 71 年领导一群奴隶起义，他们两度击败罗马大军，但是在罗马大将克拉苏的长期包围攻击之后，最后还是失败了。

在电影中，克拉苏告诉几千名斯巴达克斯部队的生还者说："你们曾经是奴隶，将来还是奴隶。但是罗马军队慈悲为怀，只要你们把斯巴达克斯交给我，就不会受到钉死在十字架上的刑罚。"

在一段长时间的沉默之后，斯巴达克斯站起来说："我是斯巴达克斯。"然后他旁边的人站起来说："我才是斯巴达克斯。"下一个人站起来也说："不，我才是斯巴达克斯。"最后，被俘虏军队里的每一个人都站起来说他才是斯巴达克斯。

这个故事的意义在于，虽然每一个站起来的人都选择了受死，但是他们所忠于的并不是斯巴达克斯这个人，而是由斯巴达克斯所激发的"共同愿景"：获得自由。

这个愿景是如此让人难以抗拒，以至于没有人愿意放弃它。著名心理学家马斯洛说："每一个自我实现的人都献身于某一事业、号召、使命和他们所热爱的工作。"马斯洛晚年曾从事对杰出团队的研究，发现他们最显著的特征便是具有共同的愿景与目标。而且在特别出色的团队里，个人目标与团队愿景已经无法分开了。

被称为"20世纪最伟大的CEO"的杰克·韦尔奇认为，领导人的第一要务是"设立愿景，使愿景体现在生活作息中，并激发团队去实现它"。

事实上，很多伟大的企业家和政治家都善于利用"共同愿景"进行领导和管理；而《基业长青》一书的作者通过调查发现，"基业长青"型公司都有清晰的"愿景"和共同价值观。

比尔·盖茨的愿景是"使每一个人桌上都放置一台电脑"，亨利·福特的愿景是"使汽车大众化"，这些愿景都非常形象生动。福特还进一步表达他的愿景："我要为大众生产一种汽车……它的价格如此之低，不会有人因为薪水不高而无法拥有它，人们可以和家人一起在上帝赐予的广阔无垠的大自然里陶醉于快乐的时光……"

其他如：

波音公司的愿景是"在民用飞机领域成为举足轻重的人物，并把世界带入喷气式时代"。

索尼公司的愿景是"成为世界上最知名的企业，改变日本产品在世界上的劣质形象"。

菲利浦莫瑞斯的愿景是"击败 RJR，成为全球烟草第一"。

这些话让每个人都能想象到那种生活的场景，而不仅仅是一种抽象的目标和结果。

有人可能会说，现在一般都是企业在谈愿景，如果是一个团队有必要谈愿景吗？其实，如果你把企业和团队都看成是"有机组织"，就会明白，对所有的"有机组织"而言，愿景对它们的重要性在原理上都是一样的。

◆ 用共同愿景把大家拧成一股绳

共同愿景这一概念是由彼德·圣吉在他所著的《第五项修炼》一书中率先提出的，也是其中的修炼之一，作为管理企业和组织的先进方法和手段，得到了大家的认可和赞同，被誉为"21 世纪管理的圣经"。共同愿景的含义是指大家共同愿望的景象，也是组织中人们所共同持有的意象或景象。它的建立，能发出一股较强的感召力，创造出众人一体的感觉，同时遍布组织的全面活动，而使各种不同的活动融合到一起。这样的景象无疑是任何组织单位追求和期望的，此种工作氛围可展现每个成员的个人才华，形成强大的合力。

共同愿景就像灯塔一样，始终为企业指明前进的方向，指导着企业的经营策略、产品技术、薪酬体系甚至商品的摆放等所有细节，是企业的灵魂。

让我们看看那些世界级企业如何描绘他们的愿景：

沃尔特迪士尼公司：让人们快乐。

3M公司：创造性地解决那些悬而未决的问题。

惠普公司：为人类的幸福和发展做出技术贡献。

玫琳凯化妆品公司：给女性无限的机会。

今天的索尼公司，将愿景定位在"体验发展技术造福大众的快乐"，但20世纪50年代初，索尼追求的是"成为全球最知名的企业，改变日本产品在世界上的劣质形象"；今天的沃尔玛公司，将"给普通百姓提供机会，使他们能买到与富人一样的东西"的企业愿景变得家喻户晓。

"共同愿景"是企业中所共同持有的"我们想要创造什么"的图像。当这种共同愿景成为企业全体成员一种执着的追求和内心的一种强烈信念时，它就成了企业凝聚力、动力和创造力的源泉。

共同愿景唤起了企业的使命感。企业由此看到了自身在社会中的定位，看到了自身的历史责任，员工感到他们隶属于一个优秀的团队。共同愿景能使员工极具敬业精神，自觉投入，乐于奉献。因为他们看到工作本身对于他们的意义非同以往，它不仅是谋生手段，更是一种社会责任，他们在工作中充满激情和乐趣，也从中体会到了生存的意义。共同愿景能改变企业和员工的关系，所有的人会称公司为"我们的公司"，视彼此为实现共同愿景的伙伴，是生命的共同体。

那么，领导究竟应该如何建立共同愿景？建立什么样的共同愿景？以下四个方面很好地回答了这些问题。

1.共同愿景应建立在个人愿景基础上，得到员工的认同。

共同愿景就其层次和范围来讲，可分为组织大愿景、团体小愿景和个人愿景。任何系统、部门或单位都可根据自身的工作性质、特点建立不同的共同愿景，然而，不论何种共同愿景的建立，都需以个人愿景为基础，否则，共同愿景也就无从谈起。团队共同愿景应建立在员工个人愿景的基础上，只有以此为前提，才能激发出员工工作的积极性，充分发挥其创造力。首先，在确立共同愿景前，应了解每位员工的个人愿景是什么。共同愿景不是个人愿景的简单相加，而是来自于组织各成员的共同关切，所以，必须对员工的个人愿景进行测试，让他们描绘并设计团队在某一时期或某个阶段的状况以及希望达到的目标。其次，鼓励员工拿出积极的实施方案来实现自己的个人愿景。包括个人愿景的可行性，通过何种策略和方法来达到所想象的目标，对未来的发展在实现过程中可能出现的各种局面做出预测，应对的方法，逆境怎么办，顺境又如何等等，以此来分析和决定个人愿景与共同愿景的融合程度。第三，在共同愿景决定后，应对员工的支持程度进行测试。不同的人可能有不同的态度，或冷漠面对或勉强遵从。这种心态必然会对共同愿景的实现产生影响，所以，应了解每位员工对共同愿景的态度，对这个愿景能否认同，应该如何修正，如果将这个愿景继续坚持下去，你个人有何打算等等。借此了解员工对共同愿景的支持程度并适时进行修改和调整，最终确立一个能够得到整体认同的、可发挥员工凝聚力和创造力的共同愿景。

2.共同愿景应划分为阶段性景象，增强员工实现共同愿景的信心。

　　共同愿景是一个组织确立的在一定时期内所希望达到的景象，是组织成员为之努力的总目标。在确立共同愿景的同时，应对其进行细化和分解，将愿景根据工作规律和特点划分为阶段性景象，由分镜头组成共同愿景。就团队而言，可根据各员工的工作性质，确定某个阶段所应达到的目标。譬如，刑事侦查机关对自侦部门制定年度工作目标，确定案件侦结率、判决率等，至某一时期所应达到的团队的共同愿景，形成全体员工共同为之奋斗的总目标。这样既便于及时掌握各部门工作的进程、情况，又便于对共同愿景进行及时的修正和调整，更重要的是通过阶段景象的实现，可增强员工对共同愿景的信心，鼓舞士气，强化队伍的凝聚力和战斗力。

　　3. 共同愿景应充分体现个人价值，增强员工的成就感。

　　每个人都希望自己在人生舞台上事业有所建树，才华得以施展，情感得到尊重，这是所有个人愿景都应包含的。因此，对于这样的个人愿景必须鼓励和支持，平等对待成员中的每个人，彼此尊重，相互包容，形成一种快乐和谐的工作氛围。在这样的团队工作和生活可使人精神振奋，自身潜能得到充分的发挥，使每个成员更加自信，充分体现每个成员的存在价值。团队在制定共同愿景中，必须将员工的个人价值融入其中，根据个人所长及岗位特点，量体裁衣，将其最擅长的方面在最适宜的岗位上得到发挥，这既可促进团队工作的开展，又可使员工的才能得到充分发挥，让他们在工作中认识到，这件事必须由我办，我一定能够办好，使每个员工都突显出个人价值并获得工作成就感，从而在以后的工作中不断实现自我超越。

　　4. 在建立共同愿景的过程中，领导者应身体力行。

　　一个团队或一个部门，犹如一艘航行于大海中的轮船，作为这艘船的领导者，应成为何种角色，是船长还是舵手，是摆在每一位领导者面前的问题。可以说船本身就像一个组织，如果本身结构设计不合理，再高明的领导者也难以驾驭。共同愿景是组织中的人们所共同持有的意象或景象，但对于领导者来说，这个共同愿景也应该是他的个人愿景，而且领导者的个人愿景在共同愿景中占有很大的地位，因此，为了共同愿景的实现，领导者必须身先士卒、身体力行，发挥"头雁"的作用。

对于公司来说，管理层是希望公司越做越好，但那只是管理者的想法，对每一个具体员工来说，他关心的就可能只是我这个月能拿到多少薪水。所以，管理者就应该不断地引导员工，把公司的前景展现给他们，让员工关注自己的未来，同时也关注公司能早一点发展。哪怕最基层的员工，也应该使他明白，只有公司发展了，自己的收入才有保障，从而使其真正关注公司的长远发展。

共同愿景可创造出众人一体的感觉，遍布到组织全面的活动中，可使各种不同的活动融合起来。同样，团队的共同愿景是全体员工的所想所愿，能够充分体现个人价值，实现自我超越，通过领导者的带头践行，必然会产生强大的凝聚力，激发员工奋发向上的精神斗志。

◆ 用利益把团队成员紧紧绑在一起

有个农夫有一匹马和一头驴。一次外出，他让驴驮的货物多一些，让马驮的货物少一些。在途中，驴累得筋疲力尽，就对马说："老马，你能帮我分担点货物吗？我累得受不了啦！"马说："凭什么帮你驮，我不帮。"没过多久，驴因为超负荷累到了，主人见状，只好把驴身上的货物全部放在马背上。这一下，轮到马受尽苦头了，当马累倒时，它才后悔之前没帮驴分担货物。

这个故事充分说明一点：团队成员不能自私自利、各自为政，而应该为了达到共同的目标，为了共同的利益，紧密团结在一起，互相协助，互相支援。只有这样，团队才是一个有效的整体，才能攻克难关，赢得更大的胜利。

尽管人性是自私的，但是在企业里，老板必须强调共同目标，强调团队利益，要让员工明白：如果一个团队无法实现共同的目标，无法获得整体的利益，员工的利益就没法保障。

目标对团队的团结作用、对团队成员的激励作用是不可估量的，充满挑战性的目标可以激励人去努力。作为老板，应该把自己的目标转化成企业的目标、团队的目标。当团队实现这一目标时，意味着团队的利益得到了满足，这样大家的利益也得到了保障，团队荣誉也会被很好地激发出来。

1980年，零售业巨头沃尔玛制定的销售额目标是10亿美元，10年之后，它的销售额目标达到了千亿美元。为了达到这个目标，沃尔玛通过"Beat Yesterday（超过昨天）"图表，把今天的成果与一个星期之前、一年之前的成果相比较，从而不断提升预期的水平，激发员工为达成最终的目标而努力，最终实现了艰巨的目标。

本田公司也十分注重团队目标，当年雅马哈在摩托车市场对本田公司形成了巨大的威胁，于是本田公司提出"打倒雅马哈"这一目标，不出几年，本田公司就主宰了摩托车市场。本田宗一郎表示，利用目标可以把团队人员的集体力量集合起来，形成了一个巨大的魔力。同时，还可以有效地协调不同个人的行为，使大家保持密切的合作。如果团队没有目标来协调大家，就必须通过无数次会议、指示、命令来协调大家，这样就会导致办事速度大减、企业花销增多。

企业老板们，你的团队目标是什么呢？明确清晰吗？期限具体吗？计划细化吗？如果你能做到目标明确清晰，规定实现的期限，制定具体的计划，就能很好地把大家团结起来，为了实现那个共同的目标去努力，这样一来，成功就离你不远了。

◆ 让员工感受到企业的前景

作为管理者，首先应该换位思考，员工想得到什么？他们希望企业怎么做？可能有的人会脱口而出：不用做事，多领工资！听起来好像是这样。但是，姑且不论这种想法的现实性，也不要说指望你与公司结成命运共同体，撇开你获取的回报原本应当取决于你贡献的价值这些因素都不谈，如果真的让你每天在办公室无所事事、相信大多数人都会感到百无聊赖、空虚颓废，感到自己的生命在被白白浪费。当你看到其他同事在勤奋学习、努力工作，一天天的在进步和成长，而你却没有变化时，相信你心里也一定不是滋味。物质只是人的低层次追求，工作也是我们生活的一部分。相信现在大多数人不会再把薪酬作为择业考虑的唯一因素，而是把越来越多的关注点放到了职业发展空间、自我价值实现以及为今后更大的成功打基础方面，同时他们应该还希望能够有一个令人心情舒畅的工作氛围。我觉得，这些就是企业应该给员工提供的东西。

第一，应该向员工清晰地展现出企业的发展蓝图。

俗话说，良禽择木而栖。一个没有前途的企业，或者不知道会走向何方的企业，是不会得到员工眷顾的，即便加入，也只是短暂的过渡。彼得？德鲁克在1954年写成了《管理的实践》这本书，奠定了现代管理学的基础，他认为管理企业首先要回答三个问题：我们的事业是什么？我们的事业将是什么？我们的事业究竟应该是什么？这三个问题集中起来就是：我们要到哪里去？我们的目标是什么？我们的未来是怎样的？这不仅是一种企业哲学高度上的思考，更应该是一种企业成长与发展的具体筹划。只有员工对企业的目标和步骤有了清晰的认识，才可能把自己的个人规划与之结合起来，才可能激发凝聚力和向心力。

每一位管理者，都应该清楚的成长历程、运行机制和发展方向，清楚自己在做什么以及应该做什么、怎么做，表现出组织、管理和实现目标的高度能力，并把这一切清晰地传递给每一位员工，让他们也知道自己所做的事情是什么、为什么、将会怎么样，激发他们的自豪感、使命感和荣誉感。同时，也让员工自己去判断，他们是否愿意与这样的企业共同成长。

第二，应该让员工真正体验到企业的文化。

企业文化是企业存在的精髓，即便是企业消亡了，企业塑造的文化也有可能经久传承，在其他地方开花结果。企业并不是抽象的无生命的物体，它有血有肉，有灵魂有精神。企业的灵魂和精神就是它的文化。如果把企业拟人化，企业文化就是企业举手投足之间表现出来的信念、气质、意志和追求，是价值观与方法论的结合而形成的基本性格和处世之道。如果企业文化真的在每一个员工身上达到了"内化于心，外化于形"的境界，企业管理从此就可以实现

"无为而治"。

应该说，目前我们企业文化建设工作做得还是很不错的，亮点很多，从核心价值观、企业使命、企业愿景和各个维度的理念，一直到道德规范、行为准则，已经形成了一套比较完整的体系，也一直在组织开展形式多样的宣贯活动，在员工中发挥了积极的引导作用。但是，这还远远不够。因为企业文化不光是写出来、喊出来的，更是踏踏实实干出来的，是要让人看得见、摸得着的，它实际上并不抽象。

企业文化具体的表现形式就是我们各种各样的"明规则"和"潜规则"，而且这些规则是与时俱进的，会在实践过程中不断积淀、升华。所谓明规则，就是我们的各项规章制度和办事程序，它是强制性的，附带有明确的违反后果的规则。当然，我们也要不时地检查它们是否很好地体现了我们企业文化的要求。所谓潜规则（尽管它如今好像已经成为一个贬义词，但我还是要借用这个词），就是凡是明文没有规定应该怎么做，但又是我们企业文化所倡导的、企业所需要的，约定成俗、实际起作用的那一部分规则，这也是大家在思考问题、处理问题、开展工作、与同事相处时必须遵循的一种规则，它是对明规则必要的补充和完善。这部分尤其需要我们每一个人去认真感受和领悟。我平时所强调的"责任心""令行禁止，雷厉风行""没有借口""注重细节""转变工作作风""主动补位""提高执行力"等等都属于这类规则。同样，以一个事例说明这种潜在文化规则的重要性，最近重庆和成都的政府部门派出了部分干部到美国挂职，这些人员回来后提出美国政府部门与我们最大的不同就在于执行力方面的差别。比如在美国，一个市民提出想在某个区域买房，将这种需求告知了相关部门，这个部门就会立刻行动，一个小时之后就给出了详实、准确的回复，包括这个区域范围内有哪些房产，价格信息如何，甚至连公交信息等都标得清清楚楚明明白白。但在我们这就要经过大量的程序，延误大量的时间，我们缺乏那种快速解决问题的意识和规则。

这类规则很难用明规则来完完全全定性、定量地确定下来，更多的还是一种理念和要求，主要还得靠我们每一位管理者通过自己的行为去把它展现出来，传递给所有的员工，落实到工作中。比如我们说"责任心"，它实际上是一个非常严厉的主人，如果你只对别人提要求，而自己却我行我素，那是没有用的，也是不负责任的。认真负责的员工会对管理者提出很高的要求，要求他们能够认真地对待自己的工作，真正胜任自己的工作，对自己的任务和业绩负起责任来。如果我们的员工不能肯定自己的公司、自己的领导是认真的、负责的、有能力的，他们就不会为自己的工作、自己的团队和相应的事务承担起责任来。这也是我为什么反复提醒我们的领导层、管理者，必须以身作则、行令自先行、发挥表率作用的根本原因。

我们只有这样做了，员工才能真正感受到我们的文化到底是什么，他们才知道怎样在我们的企业中安身立命求发展，并最终成为一个优秀的员工、优秀的管理者。

第三，应该让员工切实看到可以实现的预期。

"预期"是个很奇妙的东西，它在我们的生活中、工作中无处不在、无时不在，影响着我们的心态和行为。一件完全没有奔头的事情，或者是完全看不到希望的事情，你会不会竭尽全力地去做？我想大部分人的回答都会是否定的。企业上市融资为什么会有"杠杆效应"？是因为市场对它有创造价值的预期，这种预期才使它一次性提前拿回了今后若干年现金流的现值。股票市场为什么能形成交易？也是因为它实际上交易的是"看法"，有的人看涨，有的人看跌，所以才形成了交易。员工加盟一个企业，同样是抱着很多期望而来的，谁不希望成就自己的事业、成就自己的名誉、成就自己的梦想？员工只有从企业身上看到了符合自己要求的、可能实现的那一部分预期，才会积极地投入自己的工作，去努力争取把预期变现。

那么，员工最关注的预期是什么？除了已经提到的企业蓝图、企业文化两大方面的因素，员工最关注的预期应该是自己的薪酬待遇及职业发展空间，这也是员工追求的主要价值所在，它关系到员工的切身利益。

第十三章 注重培训：是强将，就别让手下人成一群弱兵

通过有效的培训，一方面可以使员工的能力、知识、技能得到提升，快速适应岗位的需要；另一方面可以帮助员工树立自我人力资本投资的观念，使其意识到自我发展的重要性，从而积极与企业合作，努力提升自己。

◆ 对员工进行教育投入

在纽约恩迪克特的 IBM 教育中心入口处，有一个大石块，上面刻着："教育永无止境。"老汤姆·沃尔森认为：十个高级经理应该花费40％到一半的时间来教育和培训他的下属，他的后继者继承这一信念并一直坚持到现在。

IBM 的营销代表必须经常不断地学习，更新自己的知识和技巧，尤其是 IBM 在这么一个复杂的电脑行业，营销代表和系统设计员光知道本公司和电脑行业的最新技术进展是不够的，他必须在自己主攻的专业上——无论是银行、保险、交通运输或是别的领域——成为专家、权威。

据估计，一个经营丰富的 IBM 营销代表每年要花费 15 天时间在课堂上，参加特殊行业的学习和会议。

虽然 IBM 没有指定的阅读材料，但总部要分送给各个分公司大量的研究资料以供阅读。每周公司除推出新计划以外，还有平均十种新产品，因此销售人员每天必须处理大量信息。总的说来，他们时间的15％是花费在广义的教育和培训上的。

在 1984 年，IBM 共有 4.2 万名经理和 1500 名高级经理，分布在世界各地。IBM 一直坚持这样的信念：对销售人员的教育培训是很重要的，对管理人员的教育培训同样重要；因此公司的提升都是从内部挑选佼佼者。无论某人拥有什么样的文凭，都必须通过 IBM 的基本教育计划。一位杰出的人才能在 5 年之内成为经理人选，对一般的人则要花 7 ～ 10 年的时间。

IBM 第一代的经理，在他担任新职的第一年要接受 80 个小时的课堂教育，公司规定，在他上任后 30 天内，他必须参加 IBM 管理发展中心为期一周的培训。培训内容包括公司的历史、信念、政策和实践；还有基本的管理技能，包括如何激励、评价和请教他人。培训的重点是加强雇员与经理的沟通，并保证经理的观念能够跟上周围环境的经常变化。灵活性是至关重要的，一个好的经理一定要在坚持 IBM 的基本信念的同时灵活地适应时代的变化。对每班所用的教材大家都保持着这样一个问题："当下周经理回到他的办公室这教材还有用吗？"

IBM 基于对管理人员的特殊技能的需要，开设了中级经理培训班。培训内容集中于有效的沟通和人员的管理，也包括战略和其他企业关心的问题。接着，IBM 也为那些经验丰富、资历较高的中级经理开设培训班，课程则着重于一些较复杂的专门问题，如经济、社会的外在因素问题等。

一家公司不能期望所有的高级经理都在一些偶然情况下从雇员中冒出来。她必须持续不断地有计划地挖掘人才。要善于挖掘那些素质优良的人才，然后有意识地培训他们走向经理的座位。IBM 的高级经理来源计划就力求把那些具有极大潜力的公司成员列入重点考虑之列，每个经理都在自己四周寻找着那些潜在的公司明星。

另一项训练计划是让很有希望的年轻人担任公司高级经理的助理——一个可能是董事长助理，另一个可能是总裁助理。巴克·罗杰斯先生在 IBM 待了 7 年后，便担任执行副总裁的行政助理，这一工作使他有了大量显示才能的机会，也使他更具有洞察力，后来巴克·罗杰斯成了 IBM 的副总裁。

IBM 对公司人员投入了大量资金，公司的未来决定于公司人员的质量，因此这项巨款投资是不可避免的。不管是老汤姆·沃尔森还是他的继任者都这样认为。

任何一个有成就的企业，其领导无不重视对员工的教育培训。否则公司所取得的成绩也终因没有素质相匹配的员工来协力巩固从而逐渐消失。

◆ 培训：与企业共同成长

要想留住人才，首先要树立现代的人力资源观念。

现代的人才资源观认为，对人力的投入不是一项花费，而是一项投资，是对人力资源这一核心资源进行开发的投资。这种投资能给企业带来丰厚的回报。国外许多知名企业在这方面做得非常成功。摩托罗拉公司前培训主任就说过："我们的（培训）收益大约是所投资的 30 倍。"

不论是多么优秀的员工，企业都负有进行培训和培养的任务。成功有效的员工培训不仅能够提高企业员工素质，而且满足了员工自我实现的需要，提高了企业的整体实力。优秀而富远见的企业无不视学习为企业发展的灵魂，以员工的再学习、再培训作为企业发展的原动力。

对员工而言，培训不仅仅是对业务知识的必要补足和训练，更是对员工潜能的开发。经常性的培训活动能使员工保持旺盛的学习热情和工作激情。另一方面，优秀员工往往把培训看成是领导者对他的重视和鼓励，甚至视培训为奖赏。许多公司正是迎合了员工这一心理规律，尽可能为其员工提供适当的培训，用培训机会来激发员工的积极性，增强员工的归属感和忠诚度。一个健全有效的培训机制的建立会比企业领导 100 次爱惜人才的演讲有效得多。一份详细有效的培训计划会完全表现您求贤若渴的诚意，重视培训吧，它会给你意想不到的收获！

美国塔吉特公司就是这样一个例子，在塔吉特公司不存在一般意义上的企业人事部，他们给人事部门一个响亮的名字："终身学习人才开发部"。塔吉特公司秉承以人为本的企业理念，鼓励员工学习，支持每一位员工为自己的梦想而奋斗。塔吉特公司坚持每年向员工发放学习津贴来鼓励员工学习，对学有成效的员工，公司不但鼓励员工深造、培训，还发给员工奖学金。自从这样的政策实施以来，公司各方面都得到了长足的进展，公司的经营形势也非常好，销售额每年递增 15%，员工也更加卖力工作了。

当招聘已经结束，培训就开始显示它的独特的力量了，培训不但能使员工成为业务精英、高效工人，更能向员工灌输企业文化，打造企业所需要的人，微软就试图通过培训打磨具有"微软风格"的人，新人进入微软将会接受近一个月的封闭式培训，在这一个月中，你将会由一个新人转化为一个真正的微软职业人。光是关于如何接电话，微软就有一套手册，技术支持人员拿起电话，第一句话肯定是："你好，微软公司！"

为成为 IBM 所需要的人，IBM 的新员工通常都要通过所谓的"魔鬼训练营"的培训，除行政管理类人员，IBM 所有销售、市场和服务部门的员工全部要经过三个月的"魔鬼"训练，内容包括：了解 IBM 内部工作方式，了解自己的部门职能；了解 IBM 的产品和服务；专注于销售和市场，以模拟实践的形式学习 IBM 怎样做生意，以及团队工作和沟通技能、表达技巧等。这期间，十多种考试像跨栏一样需要新员工跨越，包括：做讲演，笔试产品性能，练习扮演客户和销售市场角色等。全部考试合格，才可成为 IBM 的一名新员工，有自己正式的职务和责任。之后，负责市场和服务部门的人员还要接受 6 ~ 9 个月的业务学习。

事实上，在 IBM 培训从来都不会停止。从进入 IBM 的第一天起，IBM 就给员工描绘了一个学习的蓝图。课堂上，工作中，经理和师傅的言传身教，员工自己通过公司内部的局域网络自学，总部的培训以及到别的国家工作和学习等等，庞大而全面的培训系统一直是 IBM 的骄傲。鼓励员工学习和提高，是 IBM 培训文化的精髓。如果哪个员工要求涨薪，IBM 可能会犹豫；如果哪个员工要求学习，IBM 肯定会非常欢迎。

总的说来，培训是一种态度，表明企业对人才负责对企业负责的态度，是人才去留的重要因素；培训是企业持续发展的力量源泉，它能保证企业在日益激烈的人才争夺中不至于败下阵来。

◆ 走出误区，要真正把培训重视起来

目前在我国，许多企业的管理者依然错误地认为"培训是企业中可有可无的事情，企业中不进行培训，依然能够照常运作。"

这种观念在现今竞争激烈的市场环境中是非常可怕的，因为，不培训或少培训就等于在你的竞争对手面前亮出底牌，让您的竞争对手轻而易举地找到你的弱点所在，从而在很快的时间里将你逐出市场。

因此，我们应当尽快认识到培训的重要性，要知道培训是企业发展的新动力，它可以为企业注入新的资源与活力。当然，现在也不乏

大量的企业开始重视员工的培训工作，并且已经开展得如火如荼，但是，如果你仔细分析中国的培训市场，你会不难发现，其中还存在大量的问题，甚至有不少企业正在走入培训的误区。

1. 培训无用论

培训无用论直接导致企业领导对培训不重视，不参与，缺少实际投入。

培训无用论有两种，一种是直接无用论，即：企业根本不需要培训，更不需要请专门的培训老师来给员工上课。这样的企业认为培训不能增强企业员工才干，反而是耗费员工工作时间，耗费企业资金的表现；另外一种是间接无用论，管理者认为企业员工的知识技能已足够企业使用，培训只是增长员工多余的才干，对企业没有多大益处，即投入小于产出。

基于这两种观点的管理者，不是对培训拒之门外，就是把培训当作是一种"企业在不断追求进步"的形象宣传，仅是做给员工或竞争对手看，而没有实际的投入。

中国有句名言：问渠哪得清如许，为有源头活水来。如果企业对培训不进行实际的投入，企业领导不重视，不参与，必然使培训在源头被卡死，怎么使员工积极投入培训？怎么使企业得到生机勃勃的员工？

2. 没有把培训当作长期性的工作来抓，一阵风，缺乏系统

出于短期成本收益的考虑，不少企业往往在出现问题或企业停滞不前时才被动去找培训师，使企业的培训工作总是间歇性的。

然而，培训是一个系统工程，不仅是一个人员配合的系统，更是时间合理分配的系统化。"一阵风"的培训是使企业只重眼前，根本问题不解决，致使企业跟不上市场发展，往往步人后尘，处于被动局面，甚至出现企业运作混乱的现象。

只有不断加强、不断提升的系统化培训，才能为企业塑造人才，才能为企业带来永不枯竭的战略资源。

3. 忽视培训的艰巨性，过于乐观

培训不是一蹴而就，它不仅需要领导重视、参与，需要培训师的艰苦努力，还需要员工积极的配合和长期系统的训练。

由于大量员工在一起培训，员工个体的学习能力不一样、转换思维速度不一样，往往会产生巨大的个体效果差异。作为企业，希望每一个员工都取得优越的成绩是不可能的。而且，教学中有教方和学方，是双向的关系，并非培训师教得好，员工都能学得好，这需要时间的磨合，需要双方积极有效的配合。过于乐观，把目标定的过高，必然干扰教学两方的进度，影响学习效果。中国有句俗话：期望越高，失望越大。说的就是，目标过大，带来的失败就会非常惨烈。特别对于"学习"而言，由浅入深，循序渐进是必须遵循的规律，忽视培训的艰巨性，就会使培训草草了事，浪费企业员工的时间和培训师的心血！

4. 盲目崇外或盲目排外

外国好的东西就拿来，不好的东西就舍弃，然而，好的东西到中国却也不一定适用。运用到培训中，现在有许多培训公司，甚至培训讲师打着自己这样那样的"洋背景、洋理论"来欺骗企业，或者说把并不实用的理论强加于培训中，在它看似美丽的外表下，却有着不真实的一面。应该说国外虽然有先进的管理技术、科学的工作方法，但若脱离了企业的具体情况，照搬照抄，将会为企业培养出不适合企业真正发展的人才，即属于无效培训。

5. 认为培训等同于讲课，重讲不重练，缺乏绩效管理

传统培训，培训的中心是讲师，让学员围绕老师转，培训形式单调，而现代的重视"练"的参与式培训则更为活泼、更为全面。

当形成系统化后，易于复制掌握，长远看来，费用更加节省，另外，中国现代的不少企业培训缺乏绩效管理。怎样在培训中不断进行效果测试，及时修正培训方法，怎样用培训效果激励学员，怎样针对培训效果使培训方法不断提高，总结出一套系统的适合中国企业的培训方法，都是许多企业还没有解决好的问题。

6. 培训脱离实际，缺乏针对性

中国现在的教育，大多是单向选择，即老师教什么，学员就学什么，学员没有对学习内容的选择权利。这自然而然影响从教育衍生过来的企业培训。

许多老师，只知传授，而不问学员又没有接受，严重脱离学员的实际情况。很少有培训机构能在培训前对学员进行知识、技能的问卷调查，通常都是根据自己的经验设置课程和教学方案，导致学员重复学习或去学严重超出自己接受能力的知识技能。更少有人会在培训前和学员交流，了解其真正需要学习的内容。中国企业培训的另一大弱点为仅仅是简单知识技能传授，而不与企业的实际情况相结合。培训不是为企业服务，而是为学员个人服务，这将削弱企业的整体战斗力。

真正的企业培训，是紧密结合企业的人才需求，针对企业员工的知识技能缺陷和学习特点，设计直接面对培训对象的课程，采用有效的培训手段，达到为企业增加利润的目的。

就让我们的企业尽早走出培训误区，我们的企业管理者们也应该

重新思考一下，曾经的培训是否存在以上问题，希望在我们越来越正规、越来越规范的培训工作中，使企业真正获得最大的收益！

◆ 培训员工不能搞"一刀切"

员工培训作为企业可持续发展的智力源泉，不仅为员工立足岗位建功奠定坚实基础，也为促进企业又好又快发展提供人才保证，因此越来越受到企业管理者的重视和员工的青睐。而如何使员工培训达到预期的效果，也是各企业探索和思考的难点问题。随着知识经济时代的到来，企业对员工的素质要求越来越高。除通过人才市场、猎头公司、网络媒体物色公司发展的合适人才外，更多的是立足企业现有资源，试图通过教育与员工培训达到提高员工素质要求的目的，以期实现"人尽其才，才尽其能"。

员工培训要根据员工培训需求和知识需求搞多样化的"分餐式"员工培训，绝不能再搞"一刀切"式员工培训，充分满足员工的培训需要，提高员工培训的实效性。

首先，要建立学习员工培训长效机制。要考虑到班组的工作性质、员工的特点、员工的文化程度和作息规律等实际，并与企业重点岗位、关键人员等重点员工培训相结合，建立员工日常学习员工培训的长效机制。

其次，要创新学习员工培训方式。根据企业、员工的不同特点，员工培训方式要灵活多样。如，针对较大年龄员工的培训，要充分发挥其动手能力强的优势，避免记忆力的劣势，将员工培训内容侧重于实际操作、修旧利废知识的员工培训，而对于年轻员工开展员工培训时，要着重理论和实际操作技能的同步发展，着力提高动手能力的员工培训，并可以采取老员工和年轻员工结成师徒对子的方式，让他们相互帮助、取长补短。

第三，要建立科学的学习效果评价制度。考试内容与员工的工作实际紧密联系，干什么考什么，不能"胡子眉毛一把抓"和"一刀切"，过分强调"一岗多能"、"拔苗助长"。对于员工的培训效果，要及时跟踪调查，进行科学的评估，并依据评估结果，对员工培训计划进行有针对性的调整，让员工真正学到东西，并对工作有益。

员工培训作为人力资源开发的重要手段和方法越来越受到现代企业的重视，对很多员工来说，尤其是作为刚加入企业的新员工，企业员工培训不仅可以帮助他们迅速认同企业文化、价值观、经营理念，而且可以提高员工工作技能，使员工迅速成长、成熟，成为一个真正合格的职业人。

◆ 设法控制培训后员工跳槽的风险

员工培训是企业对人力资源的一项长期投资，不可避免地存在培训风险，其中最让企业头痛的是培训后员工流失风险。

培训后员工流失让企业的决策者们头痛不已，一方面担心"给他人作了嫁衣"，另一方面又面临提高员工素质的迫切需求。

其实，只要在培训中注意把握一些原则，就可以把培训员工流失风险降到最低。

1.必须明确培训内容
企业的每个岗位都有明确的知识、技能和能力要求，应该根据岗位的要求，明确什么样的培训是企业需要的。也就是说，企业需要的培训，一定要培训，企业不需要的培训，就要格外慎重。

2. 明确培训对象的选择标准

企业培训对象主要包括新进员工、换岗员工、不符合工作要求员工和有潜质的员工。投资于每种类型员工对企业带来的流失风险是不一样的，应当针对不同类型的员工，在企业中制定选择标准，对每位员工一视同仁，避免培训对象选择的随意性。

3. 提供选择性培训项目

培训虽然存在员工流失风险，但是同时也是吸引高素质员工的一种手段。向自发要求培训的员工，提供选择性的培训，可以提高企业对高素质员工的吸引力。

但是，对这部分培训，企业应适当与员工共同承担费用，或者由员工承担费用，培训后给受训者以加薪、晋升作为回报。

4. 全程控制培训过程

在培训中，企业应当选择专门人员与培训人员和受训人员保持联系。通过沟通，了解受训人员的需求、表现和心理状态，一方面提高培训的效率和效果，另一方面有效防止培训员工流失。

5. 肯定及奖励员工培训结果

培训不是单方面的投资，除了企业要投入资金外，员工还要投入时间和精力。因此，培训后员工总是期望能够以某种方式得到回报。

如果企业给予的回报不及时，员工认为培训前后在企业中没有什么改变，就会通过跳槽选择更好的工作环境。

因此，创造良好的学以致用的环境，提供更有挑战性的工作、提高受训员工报酬等方式承认员工通过培训努力的结果，对于留住培训员工至关重要。

6. 把合同管理纳入培训管理

合同是企业和员工权利的法律保障，加强对合同的管理，不仅保护企业的合法权利，也保护员工的合法权利。把合同纳入培训管理，一旦出现纠纷，企业和员工都能够通过法律把自己的损失降到最低。

7. 营造良好的组织氛围

良好的企业文化会使员工产生巨大的凝聚力和归属感，能调动全体员工的生产积极性和创造性，从而降低员工流失的风险。

企业在培训内容的设置上应重视对企业文化的宣讲，特别是在对新进人员的培训中。优秀企业文化的价值观和经营哲学作为企业的灵魂，不仅决定着整个企业的发展走向，而且也指引着企业培训的方向。

在优秀的企业文化引导下，培训不仅不会造成员工流失，相反员工通过接受培训，不仅丰富了知识，提高了技能，还实现了人生价值，这能够极大地激发员工的工作热情，增强员工的忠诚度和归属感。

8. 制定有效的职业生涯发展规划

培训工作应该是基于对员工的职业生涯规划，这样才能有效地防止培训后员工的流失。企业要为员工设计职业生涯规划，提供职业生涯机会的评估，帮助员工设定职业生涯目标，制定具体的行动计划和措施。

此外，还需要在企业与员工互动的过程中营造企业与员工共同成长的组织氛围，使员工清楚地看到自己在组织中的发展道路，对未来充满信心和希望，而不至于为自己目前所处的地位和未来的发展感到迷茫，从而有助于降低员工的流失率。

作为企业的管理者，一方面要充分分析员工跳槽的原因，一方面要不断改变自己的认识，因为许多时候就是因为管理者的失误才造成了员工的离职。管理者多从自身方面寻找原因，并切实改善，相信会减少员工的流失。管理者一定要明白，培训并不是造成员工流失的根本原因。

第十四章　创新进取：努力走在前面，才能不被淘汰

创新虽然是"拓荒者"的思路和工作核心，但是仅凭一人之力往往并不能实现创新的成果，它需要企业领导和企业内部其他职员的大力支持，以"众人拾柴"之势填补个人实力的某些单薄之处。

◆ 创新是企业的命脉

创新就是不老套。别人有的，自己也弄，不叫创新。创新离不开创造性思维。什么是创造性？一般认为创造性是指个体产生新奇独特的、有社会价值的产品的能力或特性，故也称为创造力。新奇独特意味着能别出心裁地做出前人未曾做过的事，有社会价值意味着创造的结果或产品具有实用价值或学术价值、道德价值、审美价值等。

创新对企业管理的重要性：

1. 创新是企业的活力之源。研究许多成功的企业，他们成功的秘诀都离不开创新。企业要在今天风云莫测的世界上生存下去，必须具有两种能力：一是快速感觉能力，嗅觉要灵敏，时刻要保持对趋势与潮流的敏感；二是快速反应能力，要有闻风而动的本领，否则，一着棋不慎，会导致满盘皆输。

2. 创新是企业的致胜法宝。每一个企业都在极尽研究消费者的需求，不断地实施创新。

3. 注重创新，就必须有效地整合利用资源。美国著名经济学家德鲁克有一句名言，他说，"创新不在于你拥有多少资源，而在于你是否能有效地整合、利用全球范围内的资源"。此言极是。今天的创新已不在于你拥有多少资源，拥有多少技术，拥有多少人才，而在于你的创新能力的高低。资源变不成商品，技术走不上市场，人才不创造生产力，你拥有的愈多，浪费的就愈严重，如何能谈上有竞争力？试想，目前的竞争打的是全球仗，打经济一体化战役。在这场不见销烟，平静中寓惊雷的战役中，竞争是高层次的，对手在似无感觉之中，就可能败下阵来。面对如此形势，不再进行创新，恐怕就要在劣势的泥潭里越陷越深了。

创新是一个企业生存和发展的灵魂。对于一个企业而言，创新可以包括很多方面：技术创新、产品创新、管理创新、服务创新、体制创新、思想创新。简单来说，技术创新可以提高生产效率，降低生产成本；产品创新，能够改善人们的生产质量很和生活质量，提高企业市场竞争力；管理创新，可以提高工作质量和工作效率；服务创新可以扩大市场占有率，提高企业知名度；体制创新，可以使企业的日常运作更有秩序，更有生机，同时也可以摆脱一些旧的体制的弊端，如科层制带来的信息传递不畅通；思想创新是相对比较重要的一个方面，领导者思想创新能够保障企业沿着正确的方向发展，员工思想创新可以增强企业的凝聚力，发挥员工的创造性，为企业带来更大的效益。

以上所有创新都有待于企业管理决策者的决策创新。企业管理者决策创新，取决于企业管理者的理念创新、战略创新和思维创新。

理念创新是指革除旧有的既定看法和思维模式，以新的视角、新的方法和新的思维模式，形成新的结论或思想观点，进而用于指导新的实践的过程。理念创新产生于客观的实际需要和可能，根植于客观实际。没有客观实际需要的理念创新是没有意义的，没有客观实际可能的理念创新只能是异想天开。

战略创新是指以未来为主导，与环境相联系，以现实为基础，对企业发展的策划、规划，它研究的是企业的明天。创新是一个民族进步的灵魂，是一个国家兴旺发达的不竭动力。创新是一个过程，可以说企业的发展过程是不断创新的过程。创新又是一种较量，要围绕着种种不利于企业成长的环境进行创新。创新也是一种挑战，推动企业不断成长壮大。

思维创新是指创新思维的本质在于将创新意识的感性愿望提升到理性的探索上，实现创新活动由感性认识到理性思考的飞跃。创新思维是指以新颖独创的方法解决问题的思维过程，通过这种思维能突破常规思维的界限，以超常规甚至反常规的方法、视角去思考问题，提出与总不同的解决方案，从而产生新颖的、独到的、有社会意义的思维成果。

◆ 开动脑筋，求实创新

创造性有两种表现形式：一是发明，二是发现。发明是制造新事物，例如瓦特发明蒸汽机，鲁班发明锯子。发现是找出本来就存在但尚未被人了解的事物和规律，如门捷列夫发现元素周期律，马克思发现剩余价值规律等。

理解创造力这一概念要把握以下几点：A. 创造力是一种有别于智力的能力，创造力测验的内容是智力测验内容上没有的，是智力测验测不出来的能力；B. 创造力指在各种创造性活动中的能力，既有科学创造活动，又有技术创造和艺术创造活动，还有其他方面的创造活动；C. 新颖独特是指前所未有、与众不同，这是创造力的根本特征；D. 创造产品(包括物质的和精神的)有社会或个人价值。

创造性的基本特征：创造性由创造性意识、创造性思维过程和创造性活动三部分组成。在创造性的组成部分中，创造性思维是其核心。

创造性思维又包含聚合思维和发散思维，发散思维是创造性思维的核心，它与创造性思维关系最为密切。发散性思维表现在行为上，即代表个人的创造性。

所谓发散性思维就是创造性思维，这种思维方式，遇到问题时，能从多角度、多侧面、多层次、多结构去思考，去寻找答案。既不受现有知识的限制，也不受传统方法的束缚，思维路线是开放性、扩散性的。它解决问题的方法不是单一的，而是在多种方案、多种途径中去探索，去选择。创造性思维具有广阔性，深刻性、独特性、批判性、敏捷性和灵活性等特点。

创造性思维具有新颖性，它贵在创新，或者在思路的选择上，或者在思考的技巧上，或者在思维的结论上，具有前无古人的独到之处，在前人、常人的基础上有新的见解、新的发现、新的突破，从而具有一定范围内的首创性、开拓性。

创造性思维具有极大的灵活性。它无现成的思维方法、程序可循，人可以自由地海阔天空地发挥想象力。

创造性思维具有艺术性和非拟化的特点，它的对象多属"自在之物"，而不是"为我之物"，创造性思维的结果存在着两种可能性。

创造性思维具有十分重要的作用和意义。首先，创造性思维可以不断增加人类知识的总量；其次，创造性思维可以不断提高人类的认识能力；再次，创造性思维可以为实践活动开辟新的局面。此外，创造性思维的成功，又可以反馈激励人们去进一步进行创造性思维。正如我国著名数学家华罗庚所说："'人'之可贵在于能创造性地思维。"

企业决策者在决策中具有创新性，应注意创造性思维（即散性思维）的三个主要特征：

1. 流畅性。流畅性是指针对问题（发散点）从不同角度在短时间内反应迅速而众多的思维特征。比如能在短时间内表达较多的观念，使用较多文字，产生较多联想等。

2. 变通性。变通性也就是思维的灵活，它要求能针对问题（发散点）从不同角度用多种方法思考，能举一反三、触类旁通。当解决问题的思路受阻时，能另辟蹊径，寻找解决问题的其他方法。对同一问题，想出不同类型答案越多，其变通性越高。

3. 独特性。独特性是指针对问题（发散点）用新角度、新观点去分析，提出独特的、有新颖成分的见解。行为表现超常，对事物处理能提出超常意见，对疑难问题能提出独特见解是其基本表现。对同一问题，意见越奇特，其独创性越高。

◆ 敢于突破，抢占事业制高点

创新者敢于突破尝试，成功一向青睐有勇气的人。只有敢于破除前人的成见，不被旧思维束缚才有可能创新出新秩序、新事物，从而推动社会进步，不断取得更大的成功。

从众多的成功者的例子中，我们都能看到一个普遍存在的真理，那就是成功青睐那些勇敢的人，敢于第一个吃螃蟹、去创新的人。投资界的传奇人物，国际著名投资大师罗杰斯给女儿的信中告诫说："不要让别人影响你。假如周遭的人都劝你不要做某件事，甚至嘲笑你根本不该想是否去做，你就可以把这件事当作可能成功的目标。这个道理非常重要，你一定要了解：与众人反向而行需要勇气。事实是，这个世界上从不曾有哪个人是只靠'从众'而成功的。"

他还以惠普公司为例，指出它之所以能脱颖而出，就是因为它的管理者做的是与众不同的事，惠普对新产品的开发总是抢在市场的前面，即使可能因此使一些产品卖不出去或报废，也勇于尝试新的机会。要做别人不敢做、不愿做的事，你得有热情与勇气，而成功永远降临在那些大胆冒险、敢走别人不敢走的路的人身上。这正是为什么惠普能成为一家重要的公司。

加拿大管理学家亨利·明茨伯格是最具原创性的管理大师，也是经理角色学派的主要代表人物。他说："我总是对太流行或被广泛接受的东西表示怀疑。"事实上，很多时候真理掌握在少数人手中，大多数人反而都由于同样的盲目从众而走向错误。例如，在股市中只有少数人能赚到大钱，在生意场也只有少数人能赚大钱，在工作中优秀的也只是少数……如果你随大流，你永远也成不了这些"少数人"。

北京天安门历来是备受瞩目的地方。1994 年 6 月 28 日早上 9 点，"逛北京、爱北京、建北京"大型旅游文化活动在天安门广场正式开始，无数信鸽冲向蓝天。人们惊讶地发现，飘荡在蓝天上的 12 只巨大的气球拖着一道道长长的布幅，布幅上红艳艳的大字格外醒目——华懋双汇集团漯河肉联厂祝逛北京活动圆满成功！

当时的现场效应轰动，接着来的就是媒体铺天盖地的报道——《漯河内陆特区报》《河南日报》、河南广播电台、《人民日报》等均有报道。《中国青年报》写道："能否在天安门广场做广告，这个话题争论了好久，如今却被来自河南的一家火腿肠厂定论了。"

看看这场盛大的广告的花费吧，说来也许难以置信，华懋双汇集团才花了 12 万元，这钱连人民日报半个广告版面都买不下来——据说当时相关负责人的想法是反正也要挂气球，何不节省点开支呢。到后来，再想有人进军天安门做广告时，掏几百万也拿不下了。

看看广告效果，华懋双汇集团在 1991 年产值、利税仅分别为 1.7 亿元人民币和 463 万元人民币，是个名不见经传的小企业。自从双汇在 1992 年上马，1994 年又成为人尽皆知的民族品牌后，华懋双汇集团的经济实力迅速膨胀，现今已是年产值 15 亿元人民币，利税 1.2 亿元人民币的国家大型一类企业了。

由于当时在天安门做广告是有风险的，所以这"第一广告"才引起了全国的轰动效应。但是我们又要看到，在天安门做广告，不是没人想到，而是没有人有胆量来做。所以，要想创新，取得更大的成功，就得有敢为天下先的勇气。

其实成功并没有想象中那样难，只需要你勇敢地去尝试。

◆ 淘汰旧产品，创造新产品

达维多定律是由曾任职于英特尔公司的高级行销主管和副总裁威廉·H.达维多提出的，他主要倡导企业在市场经营中必须不断地开发新产品，进行产品、技术的创新，走在市场前沿。

哈佛管理案例中，创立于 1901 年的吉列公司很好地阐释了达维多定律。吉列公司成立 100 多年来，始终在世界剃须刀市场中占有高达 70% 的市场份额，这个经营奇迹就在于吉列公司不断创新，推出新产品、淘汰旧产品，体现了达维多定律中"用自己开发的新产品淘汰自己的老产品"的经营理念。

1903 年，吉列公司推出了可以丢弃刀身的安全刮胡刀，以此进入了大众市场，直到 1962 年，吉列公司垄断了 72% 的刮胡刀市场。但是，这一年，吉列公司遭遇了重大威胁。英国威金森公司推出了不锈钢刮胡刀，使用寿命是吉列公司刮胡刀的 3 倍，受到了广大消费者的欢迎。其实，在这之前，吉列公司也早就拥有了不锈钢刀片的生产技术，只是因为更换机器设备需要大量的资金，而现有的刮胡刀销售情况也一直很平稳，所以吉列公司并没有打算更新。

威金森公司的直接威胁，使吉列公司上层管理者意识到了自身的问题。虽然威金森公司由于可持续资金的欠缺没有得到很好的发展，却如当头棒喝警醒了吉列公司。借着这个教训，吉列公司开始推陈出新：1972 年，推出双刀头刮胡刀；1977 年又推出旋转式刀头；1989年，推出感应式刮胡刀；21 世纪后，又推出三刀片剃须刀。而对于这种创新的热情，吉列公司似乎着迷了，无论在什么时候，吉列公司都不断策划着 20 种产品，每天也有 200 名吉列员工对新技术进行测试。他们用不断地更新旧产品的做法，演绎了"将刮胡子变为乐趣"的神话，受到了消费者长期以来的喜爱和信赖。也正是这种不断创新的意识，令吉列公司立于世界刮胡刀市场的不败之地。

在竞争激烈的市场中，只有先进入市场才能抢占先机，获得更大的市场份额和利润。达维多定律也就是这个道理，企业要制定市场领先战略，不断地推陈出新，创新技术、产品，打败自己的旧产品，扩大自身优势，才能立于不败之地。

◆ 打破思维定式，以求创新

路径依赖定律是由获得诺贝尔经济学奖的道格拉斯·诺斯提出的，他指出企业在经营管理中有惯性经营方式，包括好或者不好的。对于好的，应该坚持；对于不好的，企业应该加以避免，走出惯性。

戴尔计算机公司是 1984 年成立的，当时只赚了 1000 美元，1989 年推出首部戴尔笔记本电脑，从此公司开始迅猛发展。1992年，公司利润达到了 20 亿美元。2000 年戴尔公司网上营业额达到了每天 5000 万美元，首次名列全球榜首。到 2001 年销售额达到了 310亿美元。戴尔公司之所以成功有两大关键：直接销售模式和市场细分方式。戴尔的创始人迈克尔·戴尔早在少年时就已经奠定了成功的基础。

戴尔在 12 岁的时候，做了人生的第一笔生意：为了省钱，喜欢集邮的他不想去拍卖会上将邮票卖掉，而是劝说一个喜欢集邮的邻居，让他把邮票委托给自己，然后他刊登一条卖邮票的广告。很快就有顾客找上门，将他的邮票买走了。为此他净赚了 2000 美金，尝到了直接接触式的甜头。从此，直接销售模式产生了。

上初中的时候，戴尔就学做电脑生意，他按成本价格买来电脑零件，然后在宿舍里组装，组装好后再将电脑卖掉。在购买零部件的过程中，他发现一台价值 3000 美元的个人电脑，零部件只要 600 多美元，经销商的成本并不高，但是能赚那么高的利润，于是戴尔产生了这样的念头：抛弃中间商，自己组装电脑。自己组装电脑，不但有价格上的优势，还能为人们提供技术方面的指导，并根据顾客的要求进行组装，为顾客提供不同功能的电脑。这对戴尔公司市场细分的产生有很大影响。

正是初次做生意时正确路径的选择，为戴尔公司今后的发展奠定了成功的基石。1984 年 1 月 2 日，戴尔创立了自己的公司，当时他还在读大学医学专业一年级，他用 1000 美元的创业资本注册了戴尔电脑公司，经营电脑生意。在广告方面，他只在一个空盒子上画了一个草图，并托朋友将这个草图拿去刊登。他推出直销，并严格按照客户的要求组装电脑，这为戴尔公司的发展开拓了一个广阔的空间。不久，戴尔公司就在全球开办了分公司。

　　企业管理者应该对外部环境的变化非常敏感，并能较早地采取行动，对公司的一些制度进行改革。为了避免路径依赖产生的负面影响，管理者应剔除一些过时的制度，